FABLES

OFFERTES

A LA JEUNESSE

PAR

J.-J.-ILDEPHONSE GUIEU

GRENOBLE
PRUDHOMME, LIBRAIRE-ÉDITEUR
Rue Lafayette, 14
—
1867

FABLES

Grenoble, impr. de Prudhomme.

FABLES

OFFERTES

A LA JEUNESSE

PAR

J.-J.-ILDEPHONSE GUIEU

GRENOBLE
PRUDHOMME, LIBRAIRE-ÉDITEUR
Rue Lafayette, 14

1867

A MONSIEUR GUIEU

INSTITUTEUR

QUI M'A ENVOYÉ UN RECUEIL DE FABLES

Monsieur,

Vous m'avez fait l'honneur de m'adresser votre recueil de Fables, et je vous remercie d'avoir pensé à moi. Vous vous êtes souvenu que, lors de votre première publication, j'avais vu quelques-unes de vos poésies et que je vous en avais fait mon sincère compliment. Je ne le retire pas ; je veux au contraire le confirmer à propos de cette nouvelle publication. Vous y montrez en effet des qualités très-estimables, un style facile et sans prétention, une connaissance sérieuse de notre langue et de notre versification, et, ce qui me touche plus encore, un sens moral simple et droit qui va chercher sûrement la leçon la plus claire et la plus facile à comprendre et à pratiquer, pour les enfants, auxquels vous vous adressez surtout. On voit que vous les aimez, que tout ce qui les intéresse vous touche, et il n'est guère de défauts, de mauvaises habitudes ou de fautes ordinaires à cet âge qui vous aient échappé. Vous leur en faites confidence dans ces Fables qui sont à leur adresse, et cette petite famille d'écoliers serait bien ingrate si elle ne vous en remerciait à sa manière, c'est-à-dire en vous prouvant qu'elle a profité de vos leçons, et en se corrigeant. Je ne veux cependant pas ne vous adresser que des compliments, et j'aurais bien quelques objections à vous faire par-ci par-là dans ce nouveau volume. On y trouve quelquefois la qualité d'instituteur, qui voit surtout la pensée et qui se hâte de la mettre en évidence, plutôt que le poète qui la fait ressortir d'elle-même par la peinture des personnes et des choses, ce qui rend la leçon plus vive et plus forte, parce qu'elle est alors imposée par le fait même. Cette prédominance de l'idée vous donne un défaut qui vous est commun avec Esope et avec les fabulistes du moyen âge, de faire quelquefois jouer à tel ou tel animal un rôle qui ne lui paraît pas assigné par son caractère propre : votre bouc, par exemple, qui est prudent et réservé en présence du renard emprisonné au fond d'un puits. Le renard peut bien être pris, mais il se tire d'affaire. Celui de La Fontaine n'y manque pas. « ..... Or, adieu, j'en suis hors, » dit-il, après un prodige d'habileté pour sortir d'embarras, ce qui coupe court à toute observation satirique sur son imprudence. Mais je ne veux pas insister sur ce genre d'observation : je serais d'ailleurs presque tenté de vous louer, précisément pour cette sobriété qui vous fait éviter jusqu'à l'apparence de toute prétention à imiter ou à rappeler l'*inimitable*, et son style, qui est, dit Mme de Sévigné, une chose à laquelle on ne s'accoutume point, c'est-à-dire qu'il est toujours nouveau. Vous n'avez pas ces grandes ambitions; vous êtes clair, simple, facile, et vous avez raison. Vous courez à la leçon que vous réservez à vos jeunes et chers enfants ; là est votre nouveauté; vos Fables ont cet objet spécial, ce but précis, que vous ne manquez guère. Je puis donc finir, en vous remerciant encore de votre envoi, de votre présent, par ce même éloge que je vous faisais tout à l'heure : Votre livre, bien pensé, sagement écrit, d'un français pur et sain (ce qui n'est pas commun), est l'œuvre d'un habile et honnête homme, d'un instituteur dévoué, qui aime son métier, qui veut donner encore à ses jeunes étourdis quelque bonne leçon quand sa classe est finie, et qui fait encore résonner comme un écho de prudence et de sagesse au milieu des récréations et des jeux où, j'en suis sûr, ils trouvent à faire de bonnes réflexions, et surtout de fréquentes applications de ces Fables qui ont prévu tout ce qui les regarde, qui leur parlent sans en avoir l'air, et leur murmurent à l'oreille de bonnes pensées. Merci pour eux ; merci encore pour moi, et recevez, Monsieur l'Instituteur, l'assurance de toute mon estime et de mes sentiments bien sincères.

MAIGNIEN,

Doyen de la Faculté des lettres de Grenoble.

LIVRE PREMIER

LIVRE PREMIER.

FABLE PREMIÈRE.

LA SOURIS ET L'ANGORA.

Une jeune souris, capricieuse, alerte,
Un beau jour pour ami choisit un angora;
L'angora lui fit fête et puis la dévora.

Rechercher les méchants, c'est courir à sa perte.

FABLE II.

LE CHAT.

Un enfant déjeunait, un chat vient, le caresse,
L'enfant de son gâteau donne une part au chat ;
Le chat en la prenant de sa griffe le blesse.

Nul être, à mon avis, n'est pire que l'ingrat.

FABLE III.

LA PIE ET LA COLOMBE.

Rêveur et solitaire,
Jamais le hibou ne dit mot.
N'est-il pas un grand sot?
Qu'en penses-tu, ma chère?
— Tu te trompes, Margot :

Le vrai sot est celui qui ne sait pas se taire.

FABLE IV.

L'ÉTOFFE DE LA VIE.

L'étoffe dont la vie est faite,
Mes jeunes amis, c'est le temps ;
N'en gaspillez pas les instants,
 Dieu le donne, on ne l'achète,
 Et l'adage est vrai de tout point :

Le temps perdu ne se retrouve point.

FABLE V.

LA PIE ET LE PINSON.

La babillarde pie
Disait au gai pinson :
Apprends-moi, je te prie,
Ta joyeuse chanson.
— Impossible, ma chère !

Pour apprendre à chanter
Il faut pouvoir se taire
Et savoir écouter.

FABLE VI.

L'ABEILLE.

Une abeille vive et légère
Un matin se vit outrager ;
Sur l'agresseur avec colère
Elle fondit pour se venger,
Versa le sang du téméraire,
Mais sur la blessure mourut.

De tout temps la vengeance fut
Une mauvaise conseillère.

FABLE VII.

L'ENFANT ET SA MÈRE.

Fais donc, maman, taire le perroquet,
    De son bruyant caquet
    Tout le jour il m'assomme.

    Le perroquet, petit garçon,
    Te donne une leçon
Qui pourrait au besoin servir à plus d'un homme.

FABLE VIII.

L'ANE CURIEUX.

Au lieu de suivre son chemin,
Un âne s'arrêta pour voir dans un jardin.
Par la porte entr'ouverte il allonge la tête ;
Aussitôt le chien furieux
S'élance en aboyant sur l'âne curieux
Et fait sans violon danser la pauvre bête.

Petits enfants, vrais étourdis,
Gardez-vous bien de sottise pareille,
Sinon, je le prédis,
Autant vous en pend à l'oreille.

FABLE IX.

LE ROSSIGNOL ET L'ANE.

Par un beau jour de mai, de sa douce harmonie
Philomèle épandait les flots au sein des bois,
Lorsqu'un âne, élevant sa formidable voix,
Fit taire tout à coup ce chantre de génie.

Dans plus d'une assemblée où l'on entre en sabots,
   Dans mainte docte compagnie
Où l'on ne vient jamais qu'en chaussure vernie,
Ainsi font bien souvent les bavards et les sots.

FABLE X.

L'AMPHORE.

Jadis dans une amphore,
Dit Phèdre, on avait enfermé
Un vieux falerne parfumé,
Et, depuis longtemps vide, elle exhalait encore
L'odeur
De la précieuse liqueur.

Jeunes amis, si l'innocence
Embaume votre enfance,
Vous garderez longtemps ce doux parfum du cœur.

FABLE XI.

LE CHIEN BOITEUX ET LE CHAT.

Depuis bientôt un mois, Fidèle,
Sur trois pieds je te vois marcher;
Cette allure te donne une grâce nouvelle.
Notre voisin Bertrand dans l'art de peindre excelle;
De ce pas, je cours le chercher:
Pour avoir ton portrait l'occasion est belle.
— Hélas! répond le pauvre chien,
Si je boite, je n'y puis rien.
Mais toi, méchant, de ta griffe cruelle
Tu déchires ton maître et, mauvais garnement,
Tu pourrais bien faire autrement.

FABLE XII.

LE POULET TERRIBLE.

Un jeune poulet, de ses frères
Autrefois était la terreur ;
Sous le moindre prétexte il entrait en fureur
Et leur faisait bien des misères.
Mais la maîtresse, enfin, témoin de ses colères,
Malgré ses cris le mit à la raison,
En l'enfermant tout un jour en prison.
Pendant qu'il sifflait la linotte,
Notre poulet réfléchit à ses torts,
Et ses frères, dit-on, trouvèrent le despote
Aussi doux qu'un agneau quand on l'eut mis dehors.

FABLE XIII.

—

LA JEUNE FILLE ET LE LIS.

Dans le vallon, sur la colline,
Lorsque dépérit chaque fleur,
Que sur le sol brûlant toute plante s'incline,
Qui te donne, ô beau lis, cette aimable fraîcheur?
— Je la dois aux pleurs que l'aurore
Dans mon calice avec amour
Daigne répandre chaque jour.

Ainsi, charmante enfant que la grâce décore,
Si toujours sur ton front brillent joie et bonheur,
Ah! c'est que l'innocence, ineffable rosée
En ton sein déposée,
Anime ton sourire et rafraîchit ton cœur.

FABLE XIV.

L'ABEILLE ET LE LIMAÇON.

Heureuse abeille ! au gré de tes désirs,
De fleurs en fleurs tout le jour tu voltiges ;
Au souffle embaumé des zéphirs,
Tu te balances sur leurs tiges,
Sans que jamais l'ennui se mêle à tes plaisirs ;
Et quand tu vas jouant au sein de la prairie
Ou sur l'aubépine fleurie,
Moi, pauvre limaçon,
Je m'ennuie à mourir au sein de ma prison.
— C'est ta faute, voisin, lui répondit l'abeille :
Tant qu'on voit le soleil briller sur l'horizon,
Ainsi que moi travaille, et ce sera merveille
Si l'ennui désormais pénètre en ta maison.

FABLE XV.

L'ABEILLE ET LE HANNETON.

Pour faire son miel, une abeille
Butinait sur les fleurs, un beau jour de printemps,
 Quand tout à coup de ses bourdonnements
 Un hanneton vint lui rompre l'oreille.
  — Laisse-moi travailler en paix,
   Dit l'active ouvrière
   A l'insecte éphémère ;
  Porte ailleurs le bruit que tu fais.

L'écolier paresseux qui sans cesse bavarde,
  Qu'on voit tous les jours dérangeant
   L'écolier diligent,
Voilà le hanneton que ma fable regarde.

FABLE XVI.

LE CHIEN COUPABLE.

Pourquoi Médor est-il inquiet, soucieux,
  Lui si folâtre et si gai d'ordinaire?
    On dirait que sur toi, mon père,
    Il n'ose plus lever les yeux.
    — C'est que Médor se sent coupable;
    Il vient de voler un chapon,
      Et maintenant le fripon
    Craint que de coups je ne l'accable.

Devant qui que ce soit, en tout temps, en tous lieux,
    Veux-tu porter la tête haute?
    Mon fils, ne commets point de faute
    Qui t'oblige à baisser les yeux.

FABLE XVII.

—

L'ÉPAGNEUL.

Devant une maison jouait un épagneul,
    Jeune, bien fait, de la plus noble race :
Près de lui tout à coup un chien vagabond passe.
— Mon ami, lui dit-il, que fais-tu là tout seul?
    Viens avec moi, nous joûrons sur la place.
— Je ne puis, répondit le petit chien de chasse.
—Viens donc! — Je n'irai pas, vous me pressez en vain.
      Quand je ne suis pas là, ma mère
      Se tourmente et se désespère,
Et moi je ne veux pas lui causer du chagrin.

FABLE XVIII.

LE TORRENT ET LE RUISSEAU.

Le torrent disait au ruisseau :
— A peine traînes-tu ton mince filet d'eau,
Tandis qu'avec fracas précipitant mes ondes,
Je traverse en vainqueur ces campagnes fécondes :
Champs dorés, prés fleuris, je ne respecte rien.
— Partout, dit le ruisseau, va semer le ravage ;
    Moi, j'aime mieux sur mon passage
    Chaque jour répandre le bien.

FABLE XIX.

LE LOUP ET LE LION.

Un loup mourant de faim prit un cochon de lait
  Et dans son fort il l'emportait,
 Espérant bien s'en donner à cœur joie ;
Mais un lion survient qui lui ravit sa proie,
  Et gagne aussitôt les hauts lieux.
 Quand notre loup, qui le suivait des yeux,
  Dans les forêts vit disparaître
  Le puissant roi des animaux,
Entre ses dents il marmotta ces mots :

Jamais bien mal acquis ne profite à son maître.

FABLE XX.

LE CORBEAU.

Autrefois le corbeau
Avait un chant fort beau,
Mais près d'un marécage,
Un soir venant à passer,
Il entendit coasser
Grenouilles au vert corsage.
Aussitôt le méchant,
Pour so moquer de leur chant,
Fit entendre un cri sauvage,
Et pour toujours perdit la douce voix
Dont il charmait l'écho des bois.

Enfants, peuple à tête légère,
Que ce corbeau vous apprenne aujourd'hui
　Ce que l'on gagne à contrefaire
　Le langage et l'accent d'autrui.

FABLE XXI.

LA PARESSE ET LA PAUVRETÉ.

La Paresse, un beau jour, entreprit un voyage :
    C'était dans le fort de l'été.
Elle allait à pas lents, et souvent sous l'ombrage
    Des peupliers qui bordaient son passage
    Se reposait la lourde déité.
Par le même chemin venait la Pauvreté,
    N'ayant qu'un bâton pour bagage.
        Bientôt elle atteignit
        La Paresse et lui dit :
    — Puisque le hasard nous rassemble,
Si vous le permettez, nous ferons route ensemble ;

Nous tromperons ainsi les ennuis du chemin.
La Paresse y consent et, depuis leur rencontre,
    Lorsqu'à nos yeux la Pauvreté se montre,
Toujours à la Paresse elle donne la main.

FABLE XXII.

BLANCHETTE.

Une petite chienne ayant nom de Blanchette
   Etait si vive et si proprette,
   Que tout le monde avec raison
   La chérissait dans la maison.
   Mais à la cuisine, un dimanche,
Près de la poêle à frire elle va se coucher,
   Et ternit sa robe si blanche.
Personne depuis lors n'ose plus l'approcher.
Sa maîtresse elle-même et si bonne et si douce
   De son pied la repousse,
Et de sa main craindrait de la toucher.

Qui désigné-je ici sous le nom de Blanchette ?
Ce tout petit garçon, cette jeune fillette,
　　　Qui, peu soigneux de leur toilette,
　　　Vont se traînant sur le plancher.

FABLE XXIII.

LE PETIT AGNEAU.

Trompant les regards de sa mère,
Un jour, un tout petit agneau
Vint folâtrer sur le bord de l'Isère
Et se laissa tomber dans l'eau ;
Mais tout à coup le chien arrive,
Qui le ramène sur la rive,
Tremblant, pâle, mouillé,
Et de fange tout souillé.
— Entends, petit agneau, ta mère qui t'appelle,
Lui dit le chien avec douceur ;

Ton absence lui cause une peine mortelle ;
>Cours mettre un terme à sa douleur.
Surtout, à l'avenir, ne t'éloigne plus d'elle :

A qui trompe sa mère, il arrive malheur.

FABLE XXIV.

L'HIRONDELLE.

Pour ses plaisirs, une hirondelle
Voyageait, en hiver, sous le ciel africain.
Quand tout à coup elle apprend en chemin
La triste et fâcheuse nouvelle
Qu'au ramier jadis son voisin
La mort vient de ravir sa compagne fidèle.
Aussitôt déployant son aile,
Chez le ramier elle arrive un matin.
— On m'a conté votre perte cruelle,
Et, sensible à votre malheur,

Je viens, mon ami, lui dit-elle,
Pour partager votre douleur.

Qu'on me trouve, chez l'homme,
Un pareil dévoûment, j'irai le dire à Rome.

FABLE XXV.

LE RAISIN.

Mon cher enfant, c'est très-bien,
Oui, conserve pour Julien,
Ton sage et bon camarade,
Le plus beau de ces raisins.
Mais ôte ce grain malade
Qui gâterait ses voisins.
— Oh! non, je crois, au contraire,
Maman, que les autres grains,
Qui sont tous bien beaux, bien sains,
Guériront leur pauvre frère.

— Eh bien ! mon petit amour,
Attendons une quinzaine.
De la deuxième semaine
Brille enfin le dernier jour.
L'enfant, suivi de sa mère,
Va voir son raisin chéri.
Hélas ! ô douleur amère,
Il le trouve tout pourri.
Alors, prenant la parole,
La mère dit à son fils :

— Pour camarades, choisis
Les plus sages de l'école.
Tu vois qu'il suffit d'un grain
Pour gâter tout un raisin.

FABLE XXVI.

LE PAPILLON ET L'ABEILLE.

Oh! le beau ciel! disait un papillon volage
A son frère, vêtu des plus riches couleurs.
Le temps fuit, saisissons les beaux jours au passage,
  Allons folâtrer sur les fleurs.
Une abeille disait : Ma sœur, vois quel beau ciel!
  Sur l'horizon pas le moindre nuage,
    Vite, vite à l'ouvrage ;
Allons ravir aux fleurs leur suc pour notre miel.
   Le papillon n'était pas sage
  De consacrer le beau temps au plaisir ;
   Plus tard il dut s'en repentir.

Nous, au travail, donnons comme l'abeille,
Donnons tous les beaux jours, le temps est incertain.
Souvent on ne peut plus faire le lendemain
    Ce qu'on pouvait faire la veille.

FABLE XXVII.

—

LE SAPAJOU ET LA NOIX.

Un jour d'automne, un sapajou
Trouve une noix couverte de son brou.
Oh! oh! dit-il, la riche aubaine!
Surtout qu'elle vient à propos!
J'ai jeûné toute la semaine,
Et l'on pourrait compter mes os.
Soudain se mettant à l'ouvrage,
Il la dépouille avec les dents.
Quel mauvais goût, dit-il, mais ayons bon courage,
Un mets délicieux est caché là-dedans,
Et bientôt nous l'aurons, je gage.

A peine a-t-il fini ces mots,
  Que morceaux par morceaux
  Faisant voler l'écale,
Il met à nu l'amande et s'en régale.

Ecoliers au travail si mous,
Qui pestez contre la grammaire,
  Cette fable est pour vous.
Quand vous trouvez l'étude amère,
Songez que les fruits en sont doux.

FABLE XXVIII.

LA PETITE MUTINE.

Entends la pendule qui sonne.
Oh! huit heures déjà ; viens te coucher, mignonne,
Sinon papa va se fâcher.
— Moi je ne veux pas me coucher,
Répond la petite Isabelle
En se mettant à pleurnicher.
— Eh bien restez, Mademoiselle,
Mais dans quelques instants,
Vous voudrez votre lit, je n'aurai pas le temps.
Je veux, ce soir, achever ma dentelle.

Isabelle ne souffla mot ;
  Elle était occupée
 A jouer avec sa poupée.
 Mais pareil jeu lasse bientôt.
Déjà l'enfant qui soupire et qui bâille
  Dit à sa mère qui travaille :
Oh! j'ai bien sommeil, moi ! Loin de mettre aussitôt
  Son ouvrage dans sa corbeille,
  Sa maman fait la sourde oreille.
Maman de son travail ne se dérange pas.
  Soudain, s'élançant dans ses bras,
  Isabelle pleure et sanglotte.
— Viens me coucher, dit-elle ; désormais,
   Maman, je le promets,
  Va ! je ne ferai plus la sotte.

  La maman se laissa toucher,
Et depuis lors, jour ouvrable ou dimanche,
  Isabelle va se coucher,
  Sans se faire tirer la manche.

FABLE XXIX.

LA FOURMI.

Point de vœux indiscrets, de souhait importun,
Dieu sait bien mieux que nous ce qu'il faut à chacun.

A combien de dangers je me vois exposée !
    Disait un jour une fourmi.
Je cours à chaque instant risque d'être écrasée
    Sous le pied de quelque ennemi.
O puissant Jupiter, donne-moi donc des ailes !
    — Tu veux des ailes ? En voilà. —
Au sein des airs soudain la fourmi s'envola.
    Mais dans ces régions nouvelles,
    Elle trouva des hirondelles,
    Et l'une, en passant, l'avala.

FABLE XXX.

LES DEUX BRINS D'HERBE.

Assis au bord d'une prairie,
Je me livrais nonchalamment
A la plus douce rêverie.
J'étais là depuis un moment,
    Quand de deux voix pareilles
Le bruit vint frapper mes oreilles.
Jugez de mon étonnement :
C'était la voix de deux brins d'herbe
Qui vantaient leur mérite, exaltaient leur vertu.
— Contemple, disait l'un d'un ton fier et superbe,
Contemple les couleurs dont je suis revêtu.

Ma fleur n'est-elle pas d'une beauté parfaite?
— Où trouver, disait l'autre, une tige mieux faite?
Vois donc ma sève et ma fraîcheur !—
Pendant ces vains propos, arrive le faucheur
Qui, sans respect pour elles,
D'un coup de faux soudain
Jette ces deux plantes si belles
L'une sur l'autre au même andain.

LIVRE DEUXIÈME

LIVRE DEUXIÈME.

FABLE PREMIÈRE.

LE SINGE ET LE RENARD.

Un singe se vantait de savoir contrefaire
    Les travers, les défauts
    De tous les animaux.
    — Vous avez là, mon frère,
    Lui dit un vieux renard,
    Un talent bien funeste;
    Il fait qu'on vous déteste,
Et ce talent vous perdra tôt ou tard.

FABLE II.

JUPITER, APOLLON, MOMUS.

Jupiter, d'Apollon jaloux,
Voulut un jour former des chants plus doux
Que les chants du fils de Latone,
Et dit à Momus: Juge-nous.
— Eh bien! qu'Apollon chante et que Jupiter tonne!

FABLE III.

LE BEDEAU.

Un desservant du Dauphiné
Avait fait un sermon d'une rare éloquence ;
Tout l'auditoire en parut étonné.
Un jour qu'on en faisait l'éloge en sa présence,
Le bedeau s'écria, d'un air de suffisance :
— C'est pourtant moi qui l'ai sonné !

J'ai vu dans mainte circonstance
Des gens tout aussi sots que lui
S'enorgueillir du mérite d'autrui.

FABLE IV.

LE SAGE ET L'HOMME.

Un homme apprit un jour qu'un mauvais garnement
        Avait indignement
        Calomnié sa mère ;
     Il était rouge de colère,
     Et recherchait pour la venger
     Le lâche auteur de cet outrage.
    — Y penses-tu ? lui dit un sage,
A de pareils transports ainsi t'abandonner !
       Ah ! pour ta mère quelle offense !
Tu vas faire penser qu'elle aimait la vengeance,
Et qu'elle ne t'a pas appris à pardonner.

FABLE V.

LE PAON.

Dans une basse-cour abondamment pourvue
      De poulets, de chapons,
    Et de canards et de dindons,
Vivait un paon. Un jour qu'il passait en revue
    Tous les oiseaux ses commensaux,
    Il se moqua de leur plumage,
Tenant sur chacun d'eux d'injurieux propos.
  — Mon beau Monsieur, lui dit en son langage
Un coq plein de bon sens et rempli de courage,
    Quoi! vous méprisez vos amis,
   Parce que l'or, l'opale, le rubis
   Sur votre queue en étoiles scintille?

Vous êtes un grand sot, c'est moi qui vous le dis.
— Oh! s'écria soudain une petite fille
Qui venait au paon même apporter du maïs,
Moi, quel que soit l'éclat dont ma parure brille,
Je ne serai jamais fière de mes habits.

FABLE VI.

—

L'ALOUETTE

Par un beau jour d'avril, une jeune alouette,
    Bien vive et bien coquette,
  Montait, montait, se perdait dans les cieux,
Et semait par les airs ses chants mélodieux.
   Soudain, du haut de la voûte azurée,
   Elle aperçoit sur la terre un miroir,
   Et tout à coup la voilà dévorée
     Du désir de s'y voir.
   Elle descend. Mais pendant que la belle
   Complaisamment admire ses attraits,

L'oiseleur, aux aguets,
Lestement tire une ficelle
Et prend la dame en ses filets.

Quand tu verras, jeune fillette
De ta beauté s'épanouir la fleur,
Garde-toi bien de l'oiseleur
Et crains le sort de l'alouette.

FABLE VII.

LE TROMPETTE PRISONNIER.

Dans un combat très-meurtrier,
Un trompette, fait prisonnier,
Des ennemis vainqueurs implorait la clémence.
— En faveur de mon innocence,
A la mort, disait-il, ne me condamnez pas.
Je n'ai point dans vos rangs envoyé le trépas,
Je n'ai même blessé personne ;
Il m'est arrivé seulement
De tirer quelques sons de ce frêle instrument
Que très-volontiers je vous donne.

— Si personne jamais n'a péri sous tes coups,
En excitant tes frères contre nous,
Tu nous as fait un mal immense, irréparable,
Disent les ennemis. Subis donc ton arrêt :

Celui qui pousse au mal est cent fois plus coupable
Que celui qui le fait.

FABLE VIII.

TROTTINETTE.

En furetant par la cuisine,
Trottinette, une nuit, découvrit en un coin,
Gisant au fond de certaine machine,
Morceau de lard qui répandait au loin
Une odeur suave, divine.
Sans soupçonner de trahison,
Soudain la petite gourmande,
Pour savourer un mets dont elle est très-friande,
Saute au milieu de la prison.
Mais, hélas! l'imprudente à peine
Touchait le lard du bout des dents,

Que, lui causant une frayeur soudaine,
La porte craque et l'enferme dedans.
Pour s'échapper, la pauvrette en tout sens
En vain s'agite, et trotte, et se démène;
    Tous ses efforts sont impuissants :
    De sa faute elle avait la peine.

    Hélas ! déplorons son destin,
Et que sa mort aujourd'hui nous apprenne
Que le gourmand peut faire une mauvaise fin.

FABLE IX.

LES SOURIS.

Des souris, dans un galetas,
Chaque nuit prenaient leurs ébats.
Maís un jour le propriétaire,
Qu'un pareil bruit n'amusait pas,
Acheta de la mort aux rats,
Leur fit préparer un repas
Qui sans manquer les devait faire
Passer de la vie à trépas.
Les imprudentes qui touchèrent
A ce poison du bout des dents,
Dans les entrailles éprouvèrent
Bientôt les maux les plus ardents,

Et sans tarder allèrent boire
A l'onde noire.
En voyant tant de morts épars sur le plancher,
Voilà des mets bien indigestes,
Dit un rat vieux routier; gardons-nous d'y toucher:

D'un ennemi les dons sont trop funestes.

FABLE X.

LA CHÈVRE ET LE LOUP.

Madame chèvre avait grimpé
  Sur un roc escarpé,
De tout côté pendant en précipice,
  Lorsqu'en bas survient un loup
  Qui lui crie : — Oh ! pour le coup,
   Quel étrange caprice
   Vous fait monter si haut ?
   Voyez un peu quel saut,
  Si jamais le pied vous glisse.
  D'ailleurs, sur ce roc tout pelé,
Par le soleil et l'aquilon brûlé,

Que pouvez-vous trouver? quelques brins d'herbe sèche,
Mais d'herbe tendre et fraîche
Pas le moindre bouquet,
Et d'eau claire pas un filet.
Hâtez-vous de descendre ;
Ici vous aurez à souhait
De l'eau fraîche et de l'herbe tendre;
Ici la ronce et les cailloux
Jamais en sang ne mettront votre lèvre.
— Ce conseil est fort bon, lui répondit la chèvre ;
Mais comment en user, quand il me vient de vous?

FABLE XI.

LES TROIS CHEVAUX.

Un pauvre cheval chargé d'ans,
Blessé jadis sur un champ de bataille,
Ne pouvait plus, faute de dents,
Broyer ni son foin ni sa paille.
Près de lui deux autres chevaux
A ce vieux camarade
Languissant et malade
En les mâchant préparaient les morceaux.

Hélas! dans le siècle où nous sommes,
On ne verrait pas tant de maux,
S'il arrivait à certains hommes,
D'avoir aussi bon cœur que ces deux animaux.

FABLE XII.

LE CHIEN SAVANT ET LE VIEUX CHIEN.

Le chien de Félix, nommé Do,
Etait si drôle, était si *rigolo*,
    Qu'un Anglais l'aurait mis sous verre.
Avec adresse il croquait un morceau
    De sucre mis sur son museau,
    Sans le laisser tomber à terre.
    Notre animal savait encor,
    Debout sur les pieds de derrière,
    Aller en avant, en arrière,
    Aussi droit qu'un tambour-major.
    Avec une grâce infinie,
    Il vous dansait une polka,

Prenait sa tasse de moka
Et saluait la compagnie.
Puis, de son maître épiant le regard,
Allait chercher sa canne au moment du départ.
Aussi quand la charmante bête
Venait au café le soir,
C'était un plaisir de voir
Comme chacun lui faisait fête !
Un jour, de son bonheur témoin,
Un vieux chien couché dans un coin,
Et qui dans la paresse
Avait perdu le temps de sa jeunesse,
Fait signe à Do qui vient à lui.
— Mon ami, jusqu'aujourd'hui
J'ai mené, lui dit-il, une bien triste vie.
Mon maître, de son fouet me frappe tous les jours,
Et j'aurais grande envie
D'apprendre au moins quelques-uns de tes tours.
Par mon adresse et par mon savoir-faire,
Si je pouvais parvenir à lui plaire,
Mon maître assurément en deviendrait plus doux
Et je recevrais moins de coups.

— Tu te repais d'une chimère,
Répondit Do. Mon pauvre frère,

Il n'est pour s'instruire qu'un temps :
C'est le beau temps de la jeunesse.
Malheur à qui, dans la paresse,
En a perdu les précieux instants !

FABLE XIII.

DO ET LE CHIEN MALADE.

En rongeant un os que son maître
Venait de lui donner
Pour son dîner,
Tout près de lui Do vit paraître
Un vieux mâtin gras comme un cent de clous,
Et recevant moins de pain que de coups.
Le pauvre diable était malade,
Abandonné du médecin,
D'une lieue à la ronde il sentait le sapin
Et n'avait pas un camarade
Qui voulût lui donner le plus mince lopin.

Ce malheureux qu'on chasse et qu'on repousse
Serre le cœur de Do, qui l'appelle et soudain
    Lui dit de sa voix la plus douce :
Tiens, mange, mon ami, va, moi je n'ai pas faim.

FABLE XIV.

LE LOUP ET LE LION.

Le loup avait mangé, sans forme de procès,
Un agneau qui, dit-on, tétait encor sa mère.
Le lion le surprit dans le sein des forêts :
— N'est-ce pas toi, brigand, lui dit-il, qui naguère,
   Sur le bord d'un ruisseau,
    Enlevas un agneau?
Que t'avait-il fait? parle, animal plein de rage !
— Sire, répond le loup, par ces mots atterré,
   Le méchant troublait mon breuvage.
    — Ce n'est pas vrai !
   Du fait je me suis assuré.

— On dit que sur mon compte il semait à la ronde,
Voilà deux ans,
Les propos les plus médisants.
—Deux ans? Il n'était pas au monde.
— Si ce n'est lui, c'est donc son frère, alors !
— Jamais il n'eut de frère.
—C'est donc quelqu'un des siens; on ne m'épargne guère.
— Depuis longtemps les siens sont morts.
— Cependant, je vous jure....
— Toujours les scélérats ont recours au parjure.
Ne crois pas, imposteur, en compter à ton roi.
— Sire, soyez clément, vous êtes bon, j'espère.
— N'espère rien de moi.
Je suis de mes sujets le vengeur et le père.
Misérable assassin, point de pitié pour toi !

FABLE XV.

—

LE LOUP PARJURE.

Un jour qu'il tombait de la neige,
Un loup pris dans un piége,
En proie à d'horribles douleurs,
Disait au paysan, cause de ses malheurs :
— Bien que je souffre avec justice,
De grâce, par humanité,
Mettez un terme à mon supplice
Et rendez-moi la liberté.
Si vous accueillez ma demande,
Je vous promets, avec serment,
Que jamais plus, dès ce moment,
Je ne mangerai de la viande.

Je vivrai d'herbe seulement,
Et de poisson, mais rarement. —
L'homme le crut et lui fit grâce ;
Mais comme au bois le loup s'en retournait,
Chemin faisant, près d'une mare il passe
Et voit un porc qui s'y vautrait :
— L'animal qui dans cette ordure
S'agite d'étrange façon,
Dit-il, est sans doute un poisson. —
Et ce disant, le loup parjure
Sur le pourceau se jette avidement.

L'homme qui veut pécher trouve facilement
Un prétexte qui le rassure.

FABLE XVI.

LA BERGÈRE ET LA NAYADE.

Assise au bord d'une fontaine,
Une bergère, un jour d'été,
Dans le cristal de l'onde admirait sa beauté,
Tandis que, dans la plaine,
Ses brebis s'en allaient paissant en liberté,
Sous la garde d'Azor, l'herbe odorante et saine.
La bergère avait soif; soudain
Elle puise de l'eau dans le creux de sa main
Et détruit le miroir où brillait son image;
Puis elle se désole et cherche, mais en vain,
A retrouver les traits de son visage;

Et tout à coup sortant des flots,
La nymphe qui préside à l'aimable fontaine,
De la bergère, par ces mots,
Calme les ennuis et la peine :
— Sachez, belle enfant, que mes eaux,
Pour répéter vos traits ont besoin de repos ;
Attendez donc que le calme revienne
Pour retrouver votre beauté.

Tant que le cœur est agité,
Se bien connaître est chose difficile ;
A ses yeux l'homme ne paraît
Tel qu'il est
Que du moment où son âme est tranquille.

FABLE XVII.

LA CHIENNE LÉDA.

Léda, voyant avec douleur
Son fils courir tout le jour dans la rue,
Lui disait : — Gare à toi ! jamais je ne suis crue ;
Turc, il t'arrivera malheur.
A battre le pavé, mon enfant, tu t'obstines ;
Va, tu n'as pas raison,
Car moi je suis sur les épines,
Quand tu n'es pas à la maison.
— C'est à tort que tu te chagrines ;
Sans t'alarmer comme tu fais,
Ma mère, crois-moi, dors en paix,

Rien n'arrivera, je m'en flatte. —
Mais le jour même un char lui passa sur la patte,
Et pour toujours Turc en devint boiteux.

Si dans nos bourgs ou dans nos villes,
Il est quelques enfants comme Turc indociles
Et têtus comme Turc, cette fable est pour eux.

FABLE XVIII.

LE PETIT CERISIER.

Un cerisier, tout petit, tout coquet,
  Etalait de ses branches
  Ses belles fleurs si blanches;
Vous l'eussiez pris pour un bouquet.
— Papa, disait petit Auguste,
  Coupe donc cet arbuste.
Qu'il est joli! donne-le-moi.
— Non, ce serait une sottise;
Je ne le puis, que cela te suffise;
  Plus tard, je te dirai pourquoi. —
  Lorsque les fleurs furent tombées,
Que de beaux fruits les eurent remplacées,

Sous l'arbre on ramena notre petit bambin.
— Papa, papa, vois les belles cerises,
S'écria-t-il, les montrant de la main ;
Je suis sûr qu'elles sont exquises.
Ah ! d'en manger que je serais content !
— Ces cerises, lui dit le père,
Ne seraient pas là, mon enfant,
Si, pour te satisfaire,
J'avais, le mois dernier,
Coupé le cerisier.

Petit Arthur, jamais n'oublie,
(Pour toi ce serait un malheur),
Que la jeunesse est la fleur de la vie,
Que pour avoir les fruits, il faut soigner la fleur.

FABLE XIX.

LE JEUNE PORC ET L'ABEILLE.

Echappé, mais non sans danger,
Du manoir où sa seigneurie
Languissait, assez mal nourrie,
Un jeune porc dans un verger
S'en vint folâtrer et manger
L'herbe fraiche de la prairie;
Mais, en s'ébattant, par malheur
Il dérangea dans son labeur
    Une petite abeille
Qui butinait sur une fleur
Et qui le piqua dans l'oreille.
Seigneur pourceau qu'irrite la douleur,

Au lieu d'oublier cette injure
(La colère souvent fait perdre la raison),
Va de son ennemi renverser la maison
    Pour se venger d'une piqûre ;
      Mais d'abeilles, soudain,
      Un formidable essaim
      Sur lui se précipite ;
      Vainement, par la fuite,
    Il pense échapper à ces dards
    Qui le percent de toutes parts.
    En proie à d'horribles souffrances,
Il tombe enfin, en répétant ces mots :

Quand on cherche à venger de légères offenses,
On s'attire souvent le plus grave des maux.

FABLE XX.

LES ARBRES SOUS LA PROTECTION DES DIEUX.

Je ne sais trop à quelle occasion,
    Un jour, les dieux choisirent
    Certains arbres qu'ils prirent
    Sous leur protection.
  Jupiter préféra le chêne ;
Vénus, le myrthe ; Apollon, le laurier ;
  Hercule, le haut peuplier ;
Vesta, le pin ; un autre dieu, le frêne ;
Minerve pour son fruit adopta l'olivier.
— Ce n'est pas sans raison qu'on vante ta sagesse,
    Dit Jupiter à la déesse,

En choisissant l'olivier qui produit
    Du fruit
Plutôt qu'un arbre aux rameaux infertiles,
Tu nous apprends, ma fille, à laisser de côté
Tout ce qui porte en soi sot orgueil, vanité,
A ne faire jamais que des choses utiles.

FABLE XXI.

LE CHAT ET LE CHIEN.

Le chat disait au chien de la maison :
— Sans cesse tu me fuis, et tu n'as pas raison.
Quand on est seul, on ne s'amuse guère,
A l'avenir, vivons comme bons frères.
Foi de chat, je prétends
Te procurer les plus doux passe-temps.
— Laisse-moi, dit le chien en secouant la tête,
Je ne veux point d'un ami tel que toi :
Arrière, malebête !
— Pourrais-je au moins savoir pourquoi?

— Pourquoi ? c'est que d'hypocrisie
Tes plus beaux actes sont empreints ;
C'est que, à te parler franc, je crains
Tes trahisons, ta perfidie ;
Que, sous tes pattes de velours,
Tu caches tes griffes aiguës ;
Que cent personnes, tous les jours,
En te caressant sont mordues.
Et moi, dans un ami, je veux
Trouver un cœur loyal, franc, noble et généreux.

FABLE XXII.

L'ÉCOLIER ET LE SERIN.

Un jeune enfant, des plus frivoles,
Depuis longtemps fréquentait les écoles
Et ne savait encore rien.
Un jour chantait un serin dans sa cage,
Et l'écolier, charmé de son ramage,
Lui dit : — Toi qui chantes si bien
Qu'à t'ouïr on s'oublie,
Aimable oiseau, par quel moyen,
Dis-moi, je t'en supplie,
As-tu pu devenir aussi bon musicien?

— Soir et matin, de toutes mes oreilles,
J'écoutais mon maître chanter,
Et souvent, dans mes veilles,
Je m'essayais à l'imiter.

Vous qui voulez de la science
Posséder le trésor divin,
Sans jamais perdre patience
Suivez l'exemple du serin.

FABLE XXIII.

LES MOUCHES A MIEL.

La jeune et fraîche Lucile
Brisa par maladresse un vase plein de miel
Qu'elle portait un dimanche à la ville,
Et tout à coup, des quatre points du ciel,
Des mouches arrivant par mille
Se jettent en bourdonnant
Sur le liquide odorant
Et, sans que rien les inquiète,
A loisir apaisent leur faim,
Et puis, songeant à la retraite,
Cherchent à fuir, mais, hélas ! c'est en vain.
Par les pieds chacune était prise
Et mourut regrettant sa chère liberté.
Ce miel, d'une douceur exquise,
C'est la perfide volupté.

FABLE XXIV.

LA JEUNE FILLE ET LA ROSE.

— Toi que les fleurs nomment leur reine,
Rose, l'honneur de ce riant séjour,
Lorsque vers toi le plaisir nous entraîne,
Pourquoi te dérober à notre ardent amour?
    Pourquoi d'une épine cruelle
    Veux-tu t'entourer constamment?
    Quand on est si fraîche et si belle,
On devrait, ce me semble, agir bien autrement.
    A l'avenir, montre-toi plus gentille;
    Tant de rigueur tient de la cruauté.

— Ma rigueur fait ma sûreté,
Dit la rose à la jeune fille.
Toi-même, si tu veux qu'une aimable gaîté
Sur ton front toujours brille,
Crois-moi, qu'une noble fierté
Te tienne lieu d'épine et garde ta beauté.

FABLE XXV.

L'OFFICIER DE CHARLEMAGNE.

La veille d'entrer en campagne,
Un officier de Charlemagne
Achetait un cheval
Qui devait le porter le jour de la bataille.
Le vendeur en avait de la plus belle taille,
Et de chaque animal
Vantant la force, la vitesse,
Et le courage et la souplesse,
Il disait à son acheteur :
— Celui-là, jeune et beau, descend de Bucéphale ;
Il a pour père un cheval plein d'ardeur,
D'une bravoure sans égale,

Et Dieu sait de quelle vigueur !
Celui-ci, j'en conviens, n'est pas de noble race;
Mais, à la course, il dévore l'espace
Et ne connut jamais la peur.
— Voilà celui que je préfère,
S'écria l'officier de l'auguste empereur.

De ses aïeux et de son père
Un fils n'a pas toujours les vertus ni le cœur.

FABLE XXVI.

L'ÉCOLIER QUI JETTE DES PIERRES.

Un écolier, aux promenades,
Avait toujours des pierres à la main ;
Se trouvait-on dans un chemin,
Il devançait ses camarades,
Et, pour point de mire, il prenait
Le premier arbre qu'il voyait :
C'était là sa manie, il lui fallait des pierres.
Pour corriger le diablotin
De ses détestables manières,
En vain, le soir et le matin,
Ses parents employaient menaces et prières ;
Son professeur lui-même y perdit son latin.

Un jour qu'aux abords d'un village
Pour point de mire il prenait un canard,
Il atteignit un malheureux vieillard
Et d'un œil pour toujours il lui ravit l'usage.
Quand il apprit son œuvre, une immense pâleur
Se répandit sur son visage ;
Il pensa mourir de douleur :
Mais que peut le regret contre un pareil malheur ?

De votre souvenir que jamais ne s'efface
Ce funeste accident, ô mes jeunes amis ;
Montrez-vous chaque jour plus sages, plus soumis,
Et laissez, croyez-moi, les pierres à leur place.

FABLE XXVII.

DEUX CHIENS.

C'était la semaine dernière,
Je vis deux chiens qui folâtraient,
Gambadaient, sautaient, s'agaçaient,
Puis, se dressant sur les pieds de derrière,
De ceux de devant s'embrassaient,
Et puis à terre retombaient,
Et puis recommençaient de la même manière ;
Et, pour moi, c'était un plaisir
De les voir se pencher, se plier et se tordre,
Se prendre, se lâcher, de nouveau se saisir,
Et faire semblant de se mordre ;

Mais de jouer, à la fin se lassant,
>   Tout à coup d'humeur ils changèrent,
>   A belles dents se déchirèrent,
>   Si bien qu'ils étaient tout en sang
>   Lorsqu'au logis ils retournèrent.

Vous qui souvent aussi vous livrez à des jeux,
Enfants, mes chers enfants, ne faites pas comme eux.

FABLE XXVIII.

LA VIGNE.

Sous le beau ciel de la Provence,
Un échalas, avec amour,
Soutenait une vigne en son adolescence.
Or, cette vigne dit un jour
Au vigneron qui soigna son enfance :
— Emportez donc ce tuteur; aujourd'hui
Je puis bien me passer de lui. —
Le vigneron, quelle imprudence !
A ses vœux se rendit ;
Mais bientôt il se repentit
De sa funeste complaisance.

Le lendemain, l'Auster impétueux
    Accourt amenant un orage,
    Fond sur la vigne, et, dans sa rage,
Déchire, tord ses pampres vigoureux,
    La couche sur le sol boueux,
La roule et la retourne avec tant de furie,
Qu'il brise enfin sa tige horriblement meurtrie.

Vous êtes impuissante à défendre vos jours,
    Trop présomptueuse jeunesse ;
    Pour protéger votre faiblesse,
De vos parents il vous faut le secours.

FABLE XXIX.

L'ENFANT ET LA NICHÉE.

Un jour de dimanche un enfant
Apporta d'un air triomphant
Un nid de pinsons à sa mère.
Jamais encor son jeune cœur
N'avait senti si grand bonheur ;
Mais ce bonheur ne dura guère :
Ce jour-là même un scélérat,
Un vieil hypocrite de chat,
Par malheur trouvant la nichée,
De chaque oiseau ne fit qu'une bouchée.
L'enfant s'arme d'un gros bâton,
Poursuit le chat dans toute la maison,

Ne peut l'atteindre et pleure de colère.
— Pourquoi donc, mon ami, tous ces emportements?
Lui dit alors sa tendre mère.
Ah! si le chat mérite une peine sévère,
N'es-tu pas digne, toi, des mêmes châtiments?
Juge, au chagrin que tu ressens,
Quelle douleur amère
Ont dû souffrir ces bons parents
A qui ta main cruelle a ravi leurs enfants!
Apprends, mon fils, que c'est justice
De supporter les maux que soi-même on a faits,
Et prends bien garde désormais
Que tes plaisirs, d'autrui ne fassent le supplice.

FABLE XXX.

LE TAQUIN.

Le chien d'une illustre comtesse,
Azor, était un tout petit vaurien
Ne trouvant du plaisir qu'à taquiner sans cesse
Moufflard, chien du fermier, un bonhomme de chien
Qui recevait en vrai Socrate,
Ne se fâchant jamais, jamais ne disant rien,
Tantôt des coups de dent, tantôt des coups de patte.
Mais certain jour qu'Azor poussait
Un peu trop loin la taquinerie,
Moufflard lui dit : — Cela me déplaît,
Finis au plus tôt, je t'en prie.

— Vas-tu donc te fâcher? — Me fâcher, point du tout,
Mais laisse-moi la paix, va-t'en, point de querelle. —
Que devait faire Azor? Enfiler la venelle.
  Mais à céder quel taquin se résout?
Il n'en démordit pas. Mon drôle, de plus belle
Persécute Moufflard, de son mieux le harcelle
  Et fait tant qu'il le pousse à bout.
Moufflard tombe sur lui, le frotte d'importance,
  Des pieds et des dents le meurtrit
  Et puis, se retirant, lui dit :
   — C'est bien assez, je pense ;
   Si tu n'es pas content,
    Recommence,
  Je t'en réserve encore autant. —
  La leçon était un peu forte,
  Et pourtant c'était pain bénit.

  Enfants, voilà de quelle sorte
Presque toujours jeu de taquin finit.

LIVRE TROISIÈME

LIVRE TROISIÈME.

FABLE PREMIÈRE.

LA JEUNE FILLE ET LA ROSE.

Une fillette, un matin,
  En cueillant une rose
  Nouvellement éclose,
Se piqua bien fort la main.

Tout n'est pas en ce monde au gré de notre envie :
La peine et le plaisir se partagent la vie.

FABLE II.

LES DEUX SAPINS.

Géant de la montagne, un orgueilleux sapin
Balançait dans les airs son front haut et superbe,
Raillant avec aigreur son modeste voisin,
Qui, faible et rabougri, disparaissait dans l'herbe.
      Survient alors un bûcheron
      Qui renverse le fanfaron
      Et laisse debout l'humble arbuste.

Aux plus petits que vous ne faites point insulte,
      Et surtout, mes enfants,
      N'enviez pas le sort des grands.

FABLE III.

L'ENFANT ET SON PÈRE.

Un jeune enfant, dans un jardin,
En passant près d'un houx s'était blessé la main.
  En pleurant, vers son père
   Il court soudain
 Et, lui montrant sa blessure légère :
Papa, lui disait-il, pourquoi donc laissez-vous
  Dans le jardin croître ce houx?
  A quoi cet arbuste stérile
  Pourra-t-il jamais être utile ?

 — A te prouver, mon cher enfant,
Qu'il faut toujours fuir un méchant.

FABLE IV.

LES DEUX CHIENS.

Bien différents de caractère,
Deux chiens vivaient jadis
Dans le même logis :
Le premier, vrai cerbère,
Sans motif, sans raison,
Montrait toujours les dents aux gens de la maison ;
Le second, au contraire,
Aussi doux qu'un agneau,
Trouvait toujours pour plaire
Quelque moyen nouveau.

Aussi, chacun lui faisait fête,
C'était à qui l'aurait sur ses genoux,
    Tandis qu'à tout moment les coups
    Pleuvaient sur la méchante bête.

    Enfants, chérissez la douceur,
    Elle attire les cœurs sans peine ;
Mais, gardez-vous de la mauvaise humeur,
      A sa suite elle amène
    L'indifférence, la froideur,
    J'allais presque dire la haine.

FABLE V.

LA ROSE ET LE CHOU.

Je ne sais trop comment se fit la chose,
Mais le fait est qu'en un jardin
Un gros chou se trouva placé près d'une rose.
Un jour la fleur avec dédain
Disait au chou : — Qui t'inspira l'audace
De t'approcher ainsi de moi ?
Vil légume, retire-toi !
Ce n'est pas ici qu'est ta place,
Va trouver tes pareils ! — Prenez un ton moins fier,
Répond le chou ; vous n'étiez pas hier,
Et peut-être
Avant demain vous aurez cessé d'être ;

Apprenez, belle fleur, que tant de vanité
Ne saurait convenir à qui passe si vite.
Moi je suis, j'en conviens, de peu d'utilité,
Mais, si mince qu'il soit, sachez que mon mérite
    Vaut mille fois votre beauté.

FABLE VI.

L'OPULENCE ET L'HONNEUR.

Dans un chemin peu connu du vulgaire,
    Couvert d'un vieux manteau, l'Honneur
    Avec la Probité, sa sœur,
    Se promenaient pour se distraire ;
    Tout à coup sur un char doré,
Escorté par le luxe et la magnificence,
    Il voit resplendir l'Opulence
    Dont le cocher s'est égaré.
    — Oh ! dit la dame au brillant équipage,
Dans quel état aujourd'hui je vous voi !
    Sur ce char montez avec moi !
Plaisirs, richesse avec vous je partage.

— Croyez-moi, je sens tout le prix,
Reprit l'Honneur, d'un si loyal service ;
Mais le monde est plein de malice :
De me voir avec vous il serait fort surpris.
J'aime mieux du destin supporter l'injustice
Que de m'exposer au mépris.

———

FABLE VII.

LA PETITE MARIE.

Un jour, la petite Marie,
Voyant que sa maman
Se reposait sur son divan,
Se glissa dans la fruiterie.
Sur les pommes soudain
Notre gourmande fait main basse.
Par son gosier, d'abord, une reinette passe ;
Puis deux, puis trois, puis quatre, enfin.
Quand de manger elle fut lasse,
Qu'elle en eut par-dessus les yeux,
— C'est bien assez, vidons la place,

Pensa-t-elle ; voilà l'heure d'aller en classe.
    Oh ! si maman me trouvait en ces lieux !... —
      A sortir, donc, on se dispose ;
        Mais, visage de bois !
Un coup de vent survient, voilà la porte close :
Qui de son œuvre alors dut se mordre les doigts ?
      Ce fut Mademoiselle.
Elle frappe, elle pleure, elle crie, elle appelle,
    Et personne n'entend sa voix !
Je vous laisse à penser quelle angoisse mortelle...
Sa mère enfin s'éveille, elle accourt à ses cris,
    Arrive éperdue, hors d'haleine.
— Ah ! dit-elle, c'est bien, voilà le voleur pris ;
    De sa faute, il subit la peine.

Que ceci, mon enfant, te serve de leçon.
Garde-toi, désormais, de pareille sottise ;
    Tu vois bien que la gourmandise
Conduit au vol, le vol à la prison.

FABLE VIII.

L'ÉTOILE DU BERGER.

Quel est, maman, cet astre radieux
    Qui vers l'orient brille encore,
    Lorsque déjà les rayons de l'aurore
Des globes, ses rivaux, ont fait mourir les feux?
    — C'est du berger l'aimable étoile,
L'astre qui le premier luit encore à tes yeux,
    Lorsque, la nuit, du haut des cieux
    Sur l'univers jette son voile.
    De celui qui l'a fait si beau,
Le soir et le matin, il raconte la gloire.

Du bon Dieu, comme lui, célèbre la mémoire,

Toi qui de sa bonté reçois dès le berceau
    A chaque instant quelque bienfait nouveau ;
    Et lorsqu'au ciel la douce étoile brille,
    Soit que commence ou finisse le jour,
Que vers le Créateur ta parole, ô ma fille,
    Monte sur l'aile de l'amour.

FABLE IX.

LE MOINEAU ET SES PETITS.

Au trou d'un vieux château,
Autrefois un moineau
Confia sa progéniture,
C'était choisir retraite sûre :
Le chat et l'oiseleur
N'y pouvaient rien ; mais par malheur,
Voulant contempler la nature
Ou voir voler d'autres oiseaux,
Souvent au bord du trou venaient petits moineaux.
Un jour qu'aux champs leur père
Allait chercher, pour eux, quelque graine légère,
Il crut devoir leur adresser ces mots :

— Prenez bien garde, en mon absence,
De vous approcher trop du bord ;
Sachez que la moindre imprudence
Pourrait amener votre mort. —
Tous d'obéir promirent ;
Mais à peine leur père avait-il pris son vol,
Que de leur nid tous les quatre sortirent,
Vinrent au bord du trou, tombèrent sur le sol,
Et sur le pavé se meurtrirent ;
Puis un chat qui passait par-là,
Les ayant vus, les avala.

Toujours la désobéissance
Fera le malheur de l'enfance.

FABLE X.

LE CHAT, LA JEUNE SOURIS ET SA MÈRE.

Un vieux coquin de chat, soit ruse, soit adresse,
Avait surpris
Une souris,
Et, comme font tous ceux de son espèce,
Avant de la croquer, avec elle il jouait ;
De sa patte la caressait,
La laissait fuir, la rattrapait,
Ou, s'asseyant sur son derrière,
D'un œil malin la contemplait.
Un raton qui le voyait faire,
De la pauvrette était jaloux ;

— Voyez, disait-il à sa mère,
Que le sort de ma sœur est doux !
Du gentil animal qui folâtre avec elle,
Oh ! que la joie est naturelle !
Que de douceur dans son regard !
A leurs jeux courons prendre part.
— Que le ciel t'en préserve
Répartit la mère soudain ;
De ces jeux-là, mon fils, observe
Quelle sera la triste fin. —
Elle parlait encore,
Un cri s'entend,
Et, dans l'instant,
Le chat l'étrangle et la dévore.

Vous qui du monde ignorez le danger
Et que séduit toute apparence,
Par ceux qu'instruit l'expérience,
Enfants, laissez-vous diriger.

FABLE XI.

LE PÊCHER.

Sur un riant coteau favorisé des cieux,
    Que le Jourdain réfléchit dans son onde,
Un homme possédait une vigne féconde
    Qui lui donnait un vin délicieux.
      Au bord de sa vigne perfide,
Il avait, de sa main, planté depuis trois ans,
Un pêcher déjà beau, mais qui, toujours stérile,
    Lui refusait ses doux présents.
De voir ses rameaux nus, le maître enfin se lasse
Et dit au vigneron : — Voyez-vous ce pêcher ?
Puisqu'il ne produit rien, vous allez l'arracher,
    Pour en mettre un autre à sa place.

Le vigneron reprit : — Permettez que ma main
Lui prodigue des soins encore cette année,
    Et, s'il est sans fruit l'an prochain,
Je détruirai sa tige, à brûler condamnée. —
Le maître y consentit ; le soir du même jour,
    Le vigneron vers l'arbre s'achemine,
      Se met à creuser tout autour,
D'un fumier bienfaisant recouvre sa racine ;
    Puis du mois d'août il attend le retour ;
Et quand vint ce beau mois, la pêche purpurine,
        Sous son doux poids,
De l'arbre jusqu'à terre inclinait tout le bois.

Ne dévouons personne à l'éternel supplice,
Sous les pleurs fécondants de l'humble repentir ;
    Dans les cœurs où règne le vice,
    L'innocence peut reverdir.

FABLE XII.

L'HIRONDELLE ET LE PINSON.

Un jour d'automne, l'hirondelle
Sur un arbuste avisant le pinson :
— Que je te plains, pauvre oiseau, lui dit-elle !
Toujours le même écho répète ta chanson,
Toujours au même endroit tu vois naître l'aurore ;
Des frimas voici la saison,
Pourquoi donc en ces lieux veux-tu l'attendre encore ?
Crains-tu que le soleil, sur un autre horizon,
De feux moins brillants se colore ?
Pour abriter le nid que tu dois faire éclore,

Crains-tu de ne trouver ni lilas ni buisson?
Crains-tu que pour ta nourriture
Ou ta boisson [pure?
Les champs manquent de grains ou les ruisseaux d'eau
— Non, mais je trouve en mon coin,
Même durant l'âpre froidure,
Ce que vous même allez chercher bien loin.
Ma belle voyageuse, au gré de votre envie,
Allez, volez de climats en climats;
Moi je veux vivre aux lieux où j'ai reçu la vie,
Et les plaisirs lointains auxquels on me convie
De ce vallon si beau ne m'arracheront pas.

FABLE XIII.

LE CHIEN D'ALCIBIADE.

Voulant faire à tout prix parler de sa personne,
    Un général athénien
  Avait coupé (que Dieu le lui pardonne)!
    Oreilles et queue à son chien,
    Et depuis lors la pauvre bête
S'en allait tristement, n'osant lever la tête.
D'autres chiens l'ayant vu, se moquèrent de lui.
    — Que vas-tu donc faire aujourd'hui?
    Es-tu prié de quelque fête?
Lui disaient-ils ; jamais on ne t'a vu si beau.
    De l'artiste habile et nouveau

Qui t'a si bien coiffé, peut-on savoir l'adresse?
>Vertubleu! si quelque princesse
>En cet état pouvait te voir,
>Tu partirais pour la Cour dès ce soir.
>Mais, à propos, il faut te faire peindre;
Nous serions tous heureux de garder ton portrait.
— Au lieu de me railler vous devriez me plaindre,
Dit le chien. Mon malheur d'un barbare est le fait;
>Je n'y puis rien, tout le monde le sait.

>Honte à celui qui de la sorte
>Peut mutiler un paisible animal!
>>Honte à celui qui fait le mal,
>>Non à celui qui le supporte!

FABLE XIV.

L'ENFANT ET LES BONBONS.

Dans un vase profond et d'embouchure étroite,
   Un jour, un tout petit garçon,
   Se trouvant seul à la maison,
Pour prendre des bonbons enfonça la main droite ;
    Mais le gourmand
    La remplit tant
Qu'elle ne put sortir et resta prisonnière.
Le voilà donc qui pleure et qui se désespère ;
   C'était à vous faire pitié.
Attiré par ses cris, survint alors son père
Qui lui dit : — Mon enfant, n'en prends que la moitié,
Si tu veux que ta main sans peine se dégage. —

L'enfant n'était qu'un sot, mais l'homme est-il plus sage?
Il forme chaque jour d'ambitieux projets,
Ne sait mettre aucun frein à ses désirs avides,
  Jamais son cœur ne dit : assez !
  C'est le tonneau des Danaïdes.

FABLE XV.

LES DEUX JEUNES COQS.

En attendant que la fermière
Vint leur donner le repas du matin,
Deux jeunes coqs à la démarche fière,
En suivant le mur du jardin,
Tuaient le temps à leur manière,
Ou plutôt picotaient quelque graine légère
Qui se trouvait sur leur chemin,
Quand le plus étourdi, s'adressant à son frère,
— Veux-tu, lui dit-il, parier
Le grain qui doit t'échoir durant une semaine,
Qui des deux sur cet arbre à la cime hautaine
Ira se poser le premier? —

L'autre lui répondit sur l'heure :
— M'en préserve le ciel ! Hé quoi !
Si plus léger tu l'emportes sur moi,
De faim il faudra que je meure.
De tes conseils bien grand merci !
Les hommes seuls osent jouer ainsi.

FABLE XVI.

L'ANE ET LE MAQUIGNON.

— Combien de votre âne, compère?
Demandait un vieux maquignon
Au maître d'un ânon.
— Cinquante écus pour ne pas vous surfaire.
— Cinquante écus! c'est le prix d'un cheval.
Si vous voulez vous en défaire,
Il faudra bien... — Mais c'est un animal...
Si vous le connaissiez... Son pareil est à faire.
Je vous assure qu'on ne peut,
Dût-on choisir entre dix mille,
En trouver un plus doux, plus sobre, plus docile !
Un tout petit enfant le mène comme il veut.

— Eh bien ! vous aurez cette somme,
Dit le maquignon à son homme ;
Mais je prétends
Eprouver l'âne quelque temps. —
Notre vendeur, de cette clause
Ne se souciait pas bien fort ;
L'acheteur exigeait la chose....
Pour faire court, ils sont d'accord.
Le maquignon dans son étable
Conduit aussitôt le baudet,
Parmi ses ânes il le met,
Et l'animal incomparable,
Cet animal si bon, si doux,
Au râtelier va prendre place
Près d'un âne méchant, paresseux et vorace,
Le plus têtu, le plus gourmand de tous.
— Oh ! oh ! c'est assez le connaître,
Dit l'acheteur voyant cela :
Je ne veux point cet âne-là ;
Qu'on le ramène au plus vite à son maître.

J'approuve fort ce maquignon,
Il vaut, à mon avis, tout un aréopage :
On vous croira méchant ou sage,
Selon que vous aurez tel ou tel compagnon.

FABLE XVII.

LA BREBIS PRUDENTE.

Une brebis que son grand âge
Avait instruite à craindre le danger,
Un jour pourtant s'éloigna du berger,
Dans l'espoir de trouver un meilleur pâturage.
Tout à coup, le long du chemin,
Elle aperçoit venir un énorme mâtin
Ayant du loup la ressemblance ;
Soudain, tremblante pour sa peau,
Elle bondit, elle s'élance,
Pour se rapprocher du troupeau.
Ses compagnes, peu charitables,
Ayant appris la cause de sa peur,

En termes fort peu convenables
Osèrent se moquer de leur timide sœur.
Pour mettre fin à leur intempérance
De vains propos, de sot babil,
— Voulez-vous, leur dit-elle, échapper au péril?
Craignez-en même l'apparence.

FABLE XVIII.

LE VIEUX CHAT ET LE JEUNE.

Deux chats, l'un fort novice,
L'autre madré fripon,
Vivaient dans la même maison.
Ce dernier, avec la malice,
Avait tout l'esprit du démon ;
Aussi de vol et de pillage
Constamment il se régalait,
Et chaque jour, dans le ménage,
Tantôt ceci, tantôt cela manquait.
En vain son maître l'épiait,
Toujours notre rusé compère

Avec adresse s'esquivait
Et, loin de lui, riait de sa colère.
Que sur un cœur adolescent
Le mauvais exemple est puissant !
Le jeune chat instruit à son école,
Jusqu'alors sage, à son tour vole
Morceau de lard appétissant
Qui reposait dans une casserole.
Mais par malheur pris sur le fait,
Il en fut puni par le fouet.
— Pardon ! pardon ! criait-il à son maître,
L'exemple m'a séduit, retenez votre bras ! —
Et le maître en fureur frappait en disant : — Traître !
L'exemple entraîne au mal, mais ne l'excuse pas.—

FABLE XIX.

L'HOMME ET LES ANIMAUX.

Jadis, errant à l'aventure,
Les animaux vivaient
Comme ils pouvaient,
Et bien souvent manquaient de nourriture.
Un jour, ne sachant plus à quel saint recourir,
Auprès de l'homme ils se rendirent,
Et lui dirent :
— De faim, nous allons tous mourir,
Et nous venons vous offrir nos services,
Si, pour prix de nos bons offices,
Vous consentez à nous nourrir.

LIVRE III. — FABLE XIX. 137

— Eh bien! je consens à la chose,
Dit l'homme, mais qu'avant chacun de vous expose
   Ce qu'il pourra faire pour moi :
Animal emplumé, voyons, commence, toi!
      — Moi, dit le coq, à la même heure,
   Tous les matins, je vous réveillerai.
      — Moi, de souris je purgerai,
         Cria le chat, votre demeure.
         — Et moi, dit la brebis,
         Quand vous aurez besoin d'habits,
         Je vous apporterai ma laine.
      — Toi, bœuf? — Moi, je labourerai
         Deux fois par an votre domaine.
         — Moi, je vous donnerai,
Dit la vache, mon lait pour votre nourriture.
      — Et toi, cheval? — Moi, je vous servirai,
         Quand vous le voudrez, de monture.
         — Et moi, dit l'âne, sur mon dos,
      Je porterai vos engrais, vos fagots.
— Moi, la nuit, dit le chien, je ferai sentinelle
         Pour protéger votre repos,
Et, le jour, vous m'aurez pour compagnon fidèle.
         — Je suis content de vous, c'est bien!
Et toi, mouche? Voyons, parle, que sais-tu faire?
         — Moi, dit la mouche, rien;

Travailler n'est pas mon affaire :
Les plaisirs et la bonne chère
Ont été jusqu'ici
Mon unique souci,
Et les besoins d'autrui ne m'inquiètent guère.
— Insecte méprisable! arrière! éloigne-toi!
Cria l'homme indigné, frémissant de colère!
L'animal qui ne veut rien faire
Ne doit rien attendre de moi.

FABLE XX.

LE PÈRE ET SES DEUX ENFANTS.

Un père avait un fils plus beau,
Plus beau que le beau Ganimède;
Il avait au contraire une fille si laide,
Que sa mère en pleura souvent sur son berceau.
Avec un art parfait variant sa coiffure,
En vain la pauvre enfant, par son habileté
Ou par quelque secret vanté,
Cherchait à corriger le tort de la nature,
Rien n'opérait.
Dans la chambre de sa mère,
Un jour qu'elle se mirait,
Tout à coup survint son frère
Qui pour jouer la cherchait.

Usant de force, il s'empare
Du miroir que tient sa sœur,
Avec elle il se compare,
Lui reproche sa laideur ;
Elle pleure, se récrie
(Sur un semblable sujet
Femme et fille, comme on sait,
N'entendent pas raillerie).
Elle court vers son père et, les larmes aux yeux,
Dans un discours que la colère enflamme,
Elle accuse son frère, assez audacieux
Pour toucher, lui garçon, au meuble d'une femme.
Le père dans ses bras la prend avec amour,
De ses caresses il l'inonde,
Appelle à lui son fils, avec bonté le gronde,
Le presse sur son cœur, le caresse à son tour :

— Mes enfants, leur dit-il, mirez-vous chaque jour ;
Que ce miroir, mon fils, t'apprenne à fuir le vice,
Qui détruirait à jamais
Et ta grâce et tes attraits !
Toi, ma fille, qu'il t'avertisse
Qu'il te faudra dans tous les temps,
Par tes vertus et tes talents,
Faire oublier du sort le bizarre caprice.

FABLE XXI.

L'ENFANT ET LA GUÊPE.

Un jeune enfant volage
Et je crois même un peu méchant,
Un jour trouva sur son passage
Un nid de guêpe, et sur-le-champ
Le petit drôle
Prit une gaule,
Puis dans le guêpier l'enfonça.
Soudain la guêpe avec colère
Hors de son gîte s'élança,
Et de son dard au visage blessa
Le jeune téméraire,

Ce petit méchant, ce vaurien,
Qui jusque dans son domicile
Venait troubler un animal tranquille,
Un animal qui ne lui faisait rien !
L'enfant de sa voix lamentable
Remplit tous les lieux d'alentour.
Un laboureur qui vers l'étable
Reconduisait ses bœufs fatigués du labour,
En passant près de lui, dit à l'enfant coupable :
— Tourmenter autrui, c'est mal fait,
Mon cher enfant, retiens cette maxime :

Tôt ou tard du mal qu'il commet,
Le méchant devient la victime.

FABLE XXII.

LA RONCE ET LA FOUGÈRE.

— Pauvre plante, que je te plains !
Disait la ronce à la fougère ;
Il est pour toi bien peu de jours sereins,
A tout moment le berger, la bergère,
Au bruit d'une douce chanson,
Viennent danser sur le gazon,
Et foulent sous leurs pieds ta verdure légère ;
Pour moi, je ne suis pas d'humeur
A souffrir pareille insolence :
Au téméraire qui m'offense
Je fais sentir mon dard vengeur.

— Ah ! cessez de me plaindre,
Et gardez-vous surtout de me blâmer !
Vous désirez vous faire craindre,
Dit la fougère, et moi, je veux me faire aimer.

FABLE XXIII.

LE CORBEAU.

Un corbeau, par hasard, trouve un jour un fromage :
Le meilleur eût été d'en faire son profit,
De le manger tout seul ; mais l'imbécile fit
    Un si bruyant ramage,
Que les corbeaux voisins entendirent ses cris.
Bientôt il en survint une bande vorace ;
    Par eux le fromage fut pris
    Et tout entier mangé sur place.
  Notre corbeau, déguisant son regret,
Dit aux nouveaux venus, en secouant la tête :

— En vérité, je fus trop bête,
Mes amis; vous avez bien fait,
Je ne vous garde point rancune;
Mais vous pouvez faire la croix :
Vous ne m'y prendrez plus, c'est bon pour une fois.

Enfants, s'il vous survient quelque bonne fortune,
Gardez-vous bien d'aller le crier sur les toits.

FABLE XXIV.

LES DEUX ABEILLES.

Un jour de printemps, une abeille,
Jeune et sortant pour la première fois,
Butinait sur les fleurs à côté d'une vieille,
Qui lui dit tout à coup, en élevant la voix :
— Ma sœur, lève la tête ;
Ne vois-tu pas venir du bout de l'horizon
Ce gros nuage noir qui porte la tempête ?
Vite, crois-moi, regagnons la maison.
— Oh ! le nuage est loin et notre aile est rapide,
Vous vous alarmez sans raison,
Je ne suis point, moi, si timide.

— Hâtons-nous, viens, ma sœur. — Je ne le puis :
Ma charge est encor incomplète.
— Qu'importe ; viens, je le répète.
— Une minute, et je vous suis.—
Mais le nuage arrive, et sur l'insecte frêle
Ont fondu tout à coup et la pluie et la grêle.
Il veut partir alors. Hélas ! c'était trop tard :
L'infortuné périt en route.

Presque toujours, mes amis, il en coûte
De n'avoir pas suivi les conseils du vieillard.

FABLE XXV.

LE FIGUIER ET LES OISEAUX.

Un vieux figuier des plus beaux,
Recevait sous son feuillage
Un nombre infini d'oiseaux
Dont le ramage
Réjouissait le voisinage ;
Des ardeurs du soleil il les garantissait
Et de ses fruits les nourrissait.
Que pouvaient-ils espérer davantage ?
Ils vivaient heureux. Mais, hélas !
Un jour la foudre avec fracas
Sur le figuier tombe et dévore

Le feuillage qui le décore,
Et ses beaux fruits si délicats.
Des oiseaux la troupe volage
Abandonne alors pour toujours
Le figuier dépouillé d'ombrage,
Naguère ses plus chers amours.

Tant que nous sourit la fortune,
De gens dévoués et soumis
Autour de nous s'empresse une foule importune ;
Mais qu'un revers survienne, adieu tous les amis !

FABLE XXVI.

LE MURIER ET LE BUIS.

On avait déjà vu passer des hirondelles,
Les prés avaient repris leur riante couleur ;
    A la voix du printemps fidèles,
Les zéphirs accouraient caressant chaque fleur.
      D'une douce et tendre verdure
        Un mûrier déjà tout couvert
        Disait au buis en tout temps vert :
— Ne peux-tu comme moi varier ta parure?
Qu'attends-tu pour quitter ton vêtement d'hiver ? —
      A ce discours, qu'assaisonnait l'injure,
        Le buis sans aigreur répondit :
        — Un seul vêtement me suffit.

Toi, pour te procurer les habits dont tu brilles,
Deux fois chaque printemps tu t'épuises, voisin ;
Prends-y garde ! le luxe avancera ta fin :
Je l'ai vu maintes fois ruiner des familles.

FABLE XXVII.

LE BOUC ET LE RENARD.

Un bouc, le doyen du canton,
Portant barbe grise au menton,
Certain soir, bien repu, regagnait sa demeure,
Lorsqu'au fond d'un puits, par hasard,
Il aperçoit son compère renard.
— Es-tu fou, lui dit-il, prendre un bain à cette heure !
Mais il y va de ta santé !
De la vie es-tu dégoûté ?
Ou bien quelque accident funeste.....
— Non, je mange un fromage excellent, sur ma foi,
Un vrai morceau de roi.

Viens donc en goûter. Il en reste,
Je te le jure, assez pour toi.
— Me prends-tu donc pour une grue?
Je te connais depuis longtemps;
Moi toper là-dedans!
Oh! tu me la donnes trop crue,
A d'autres.... Vieux poisson
Ne mord plus à l'hameçon.
Adieu donc, mon compère, achève ton fromage,
Car ce serait dommage,
Bon comme il est, qu'on le laissât gâter.
Quant à moi, d'en goûter
Ce n'est, je crois, prudent ni sage.
Ce fromage, à coup sûr,
Pour mon estomac est trop dur.

L'homme fourbe est riche en promesses,
Fermons l'oreille à ses discours,
Défions-nous de ses largesses;
Sous ses perfides caresses
Son intérêt perce toujours.

FABLE XXVIII.

LE CHIEN QUI SE VANTE.

A jeun depuis nombre de jours,
Un loup serrait de près un mouton dans la plaine,
Lorsqu'un chien vigoureux qui vint à son secours
    Le sauva d'une mort certaine.
    Depuis, fier de cette action,
    Le chien, dans toute occasion,
Ne manquait pas d'exalter ce service,
    D'ingratitude accusant le mouton.
Témoin de tant d'orgueil, un chien plein de justice
    Et réputé le Nestor du canton,

Lui dit : — Pourquoi tant de jactance ?
Le mouton ne te doit nulle reconnaissance.
En empêchant le loup de le saisir,
Sot vantard-que le ciel confonde !
Tu n'agis pas dans le désir
De sauver le mouton, mais pour le seul plaisir
De le faire savoir ensuite à tout le monde.

FABLE XXIX.

—

LES DEUX ÉPIS.

Dans le temps où, pour la moisson,
Le laboureur prépare sa faucille,
Au bord d'un champ voisin de sa maison,
Un jour de fête, un père de famille
Se promenait causant avec son fils :
— Papa, disait l'enfant, vois donc ces deux épis,
Comme l'un de l'autre diffère !
D'un air superbe et dédaigneux,
Celui-ci vers le ciel lève sa tête altière,
Tandis que l'autre, tout honteux,

Regarde constamment la terre.
— Mon enfant, répondit le père,
Le premier des épis que tu vois si hautain
Est l'image de l'homme orgueilleux, sot et vain ;
S'il lève une tête si fière,
C'est qu'il est vide de tout grain.
Le second, au contraire,
Si timide auprès de son frère,
Du mérite modeste est l'emblème certain ;
Et s'il est courbé vers la terre,
Du meilleur blé c'est qu'il est plein.

FABLE XXX.

LE RENARD ET LE LOUP.

Certain renard faisant sa ronde
Au milieu d'un bois, sur le soir,
Par mégarde se laissa choir
Dans une fosse très-profonde.
Un loup survint là par hasard :
— Mon ami, lui dit le renard,
Je bénis le ciel qui t'amène ;
Tu vois le danger que je cours ?
Bientôt ma mort serait certaine,
Si tu me refusais un tout petit secours
Que tu peux me rendre sans peine.
De ce tas de bois que voici
(Mais c'est à charge de revanche),

Jette-moi seulement, je te prie, une branche
      Pour m'aider à sortir d'ici ;
De grâce, mon ami, ne me fais pas attendre.
     — Très-volontiers, dit le loup; cependant
      Je serais curieux d'apprendre
Comment un animal si rusé, si prudent,
      Dans un tel piége a pu se prendre.
     — Tu le sauras assurément,
    Et sur ce point je veux te satisfaire,
     Mais ce n'est pas trop le moment :
Songeons d'abord à me tirer d'affaire.
Ne te fais pas un barbare plaisir
    De prolonger la peine que j'endure ;
Quand je serai dehors j'aurai tout le loisir
      De te conter mon aventure.
        Enfin le loup choisit
        La branche la plus grosse,
        La jeta dans la fosse
        Et le renard sortit.

    Mes chers enfants, voulez-vous rendre
    Quelque service à vos amis ?
    N'en diminuez pas le prix,
    En le leur faisant trop attendre.

LIVRE QUATRIÈME

LIVRE QUATRIÈME.

FABLE PREMIÈRE.

L'HIRONDELLE ET LE BATISSEUR.

Grand ami de la truelle,
Un seigneur à son château
Faisait ajouter une aile.
Sans équerre ni marteau,
Sous son toit même, une hirondelle
Avec un art parfait se bâtissait un nid,
Un vrai Louvre pour elle.
Or le seigneur un jour lui dit :
— A quoi bon, pauvre oiseau, te donner tant de peine!
Pourquoi bâtir aussi solidement

Un logement
Que tu dois habiter quatre à cinq mois à peine ?
N'es-tu pas folle évidemment ?
— Vous-même, monseigneur, êtes-vous bien plus sage
Que moi, pauvre oiseau de passage ?
Et croyez-vous, dans ce vaste palais
Que vous élevez à grands frais,
Vivre une vie éternelle ?
Ah! n'y comptez pas, mais songez
Que peut-être la mort avant l'aube nouvelle
Viendra vous dire : Allons, allons, déménagez !

FABLE II.

ISABELLE ET SA MÈRE.

— Maman, disait la petite Isabelle,
  Vois donc que cette rose est belle !
  Qu'elles sont vives ses couleurs !
Elle est encor tout humide des pleurs
  Que l'aurore a versés sur elle.
  Une cantharide, en son sein,
  Ayant trouvé gîte commode,
   Par son vert d'émeraude
  En relève encor le carmin.
Le souffle du zéphir qui l'ébranle et l'agite,
Son éclat, son parfum, à la cueillir invite ;
Mais pourquoi de ces dards qui blesseraient la main

Voyons-nous sa tige entourée ?
— C'est que par ses attraits et son peu de durée,
Symbole du plaisir,
Comme lui, cette fleur si belle
Porte le danger avec elle
Et dans son sein le repentir.

FABLE III.

ESAÜ.

Dans un de vos livres de classe,
Mes bons amis, vous avez lu
Qu'un enfant d'Isaac ayant nom Esaü
    Revenait un soir de la chasse,
Exténué de fatigue, rendu.
    Il trouva Jacob sous sa tente
        Préparant un ragoût
    De lentilles d'un fort bon goût.
    Ce plat de lentilles le tente.
    — Frère, lui dit-il, cède-moi
Ce ragoût, car la faim me presse.

— Très-volontiers, mais toi
Cède en retour ton droit d'aînesse. —
Aux désirs de Jacob Esaü se rendit
Et follement il lui vendit
Son droit de primogéniture.

Combien de jeunes gens tout aussi peu sensés,
Qui des immenses biens par leur père amassés
N'ont fait qu'une friture !

FABLE IV.

AZOR.

Azor chez sa bonne maîtresse
    Trouvait tout à souhait,
Os de canard, os de poulet,
    Sans parler de mainte caresse
    Dont Madame le régalait.
Mais le chien, comme nous, de son bonheur se lasse.
Azor de son logis s'échappe un beau matin
    Et dans la rue il rencontre un mâtin
      Qui l'entraîne sur une place,
Où des chiens vagabonds tout pelés, tout galeux,
    Couraient, sautaient, jouaient à leur manière.

Azor voulut se mêler à leurs jeux,
Mais un roquet le mord, le jette dans l'ornière
La tête la première.
Azor se relève en jappant,
Tire au large, et clopin-clopant
Vient au logis, entre en rampant,
Mais par la porte de derrière,
Se fait tout petit, tout petit,
Et sous un fauteuil se blottit.

Chez le peuple écolier pareil fait n'est pas rare.
Oh ! que j'en ai connu de ces petits garçons
Qui se sont vus jetés au sein d'une bagarre
Entraînés par des polissons !

FABLE V.

LE PASSEREAU ET LE PINSON.

De glace au loin les champs étaient couverts.
Poussée avec fureur par le vent de l'orage,
La neige en tourbillons s'élevait dans les airs,
 Et l'eau, durcie au souffle des hivers,
N'offrait plus aux oiseaux l'ordinaire breuvage.
Au coin d'une fenêtre, à l'abri dans sa cage,
 Un pinson, grâce aux tendres soins
 Qui chaque jour prévenaient ses besoins,
 Bien que vivant dans l'esclavage,
Coulait des jours heureux et n'en chantait pas moins.

Un passereau chassé par la tempête
S'en vint près de lui voltiger.
Depuis longtemps la pauvre bête
Cherchait en vain de quoi manger.
Sur la cage il se pose et dit au pinson : — Frère,
Vous qu'une douce et bienfaisante main
Daigne en tout temps pourvoir et d'eau pure et de grain,
Hélas ! soulagez ma misère ;
Je meurs et de soif et de faim.
Tout à coup, à travers les barreaux de sa cage,
Le pinson jette à l'étranger
Une portion du grain qu'en son garde-manger
On avait mis pour son usage.
Puis dans son bec il prend de l'eau
Qu'il passe au pauvre passereau,
Et de grand cœur il le soulage.

Mes chers enfants, imitez le pinson,
Et qu'en vos cœurs toujours la charité respire,
Pour que votre bon ange un jour vienne vous dire :
« Nous allons du Seigneur habiter la maison. »

FABLE VI.

LE RUBIS.

Au milieu d'un chemin, jadis
Gisait un superbe rubis.
Un âne avec le pied l'enfonça dans la boue ;
Mais un passant qui venait de Cordoue
Le trouve et le porte à l'instant
Au premier lapidaire
Qui, sûr de faire
En l'achetant
Une très-bonne affaire,
Le paie argent comptant ;
Et comme dans son art ce lapidaire excelle,
Déjà le lendemain

Le rubis avait pris sous son habile main
Le plus brillant éclat, la forme la plus belle ;
  Et plus tard, lorsque de son sol,
  Le valeureux peuple espagnol
  Eut chassé le Maure infidèle,
   Ce rubis, un beau jour
  Qu'on célébrait une fête à la Cour,
Etincelait au front de la reine Isabelle.

   Le rubis, c'est l'homme de bien,
L'outrage et le malheur sur lui ne peuvent rien.

FABLE VII.

LA GRIVE.

De ses sœurs ayant fui la bande,
Une grive jeune et gourmande,
Au mois d'août, par un beau matin,
Vint fureter dans un jardin
    Et, n'y voyant personne,
Se posa sur une colonne
      D'où pendait un muscat
      D'un goût très-délicat.
— Oh! oh! ne nous en faisons faute,
Régalons-nous, se dit-elle; je dois
    En avoir là pour plus d'un mois. —
    La belle comptait sans son hôte.

A tout autre raisin celui-ci, par malheur,
Préférait le muscat, aussi bien que la grive.
Au pied de la colonne un beau jour il arrive
    Et voit s'enfuir l'oiseau voleur ;
Il trouve ses muscats dans un état indigne,
Tout piqués, tout gâtés ; jugez de sa douleur !
    — Ah ! maraudeur insigne,
  Qui viens ici pour dévaster ma vigne,
    Tu vas me payer ces dégâts ! —
Il dit, et sur-le-champ va préparer un lacs ;
  Une heure après notre grive était prise ;
    De l'homme elle fit le repas.

Du pauvre oiseau déplorons le trépas
Et, plus sages que lui, fuyons la gourmandise.

FABLE VIII.

L'ABEILLE ET LE FRELON.

Ardente à travailler, une abeille jadis
S'en allait chaque jour, au lever de l'aurore,
Dépouiller de leur suc le narcisse et le lis,
    Ou la tulipe à la fleur tricolore.
        Pendant qu'au loin dans le vallon,
        Notre abeille avec diligence
    Cherchait de quoi remplir son doux rayon,
    Un paresseux, un vaurien de frelon
    Ecorniflait son miel en son absence.
        Or il arriva qu'un beau jour
L'abeille demeura plus tard qu'à l'ordinaire.

Dieu! quels dégâts à son retour!
Le frelon, comme un vrai corsaire,
Avait tout dévasté,
Tout détruit, tout gâté.
— Misérable! lui dit l'abeille avec colère,
Tu passes ton temps sans rien faire,
Pour vivre tu viens me voler
Et, non content de tout râfler,
Tu brises, tu détruis, au gré de tes caprices!
N'est-ce pas une indignité?
Travaille désormais, crois-moi; l'oisiveté
Est la mère de tous les vices.

FABLE IX.

—

L'ENFANT ET LES DEUX TONNEAUX.

Petit Grégoire aimait le vin
Et quelquefois en buvait sans mesure.
Un jour que ses parents étaient dans le jardin
Tout occupés d'horticulture,
Il descend à la cave une cruche à la main,
Interroge du doigt un petit tonneau plein,
Et le tonneau ne rend qu'un bien faible murmure.
— Le vide est là-dedans; passons à son voisin,
Dit l'enfant. — Près de l'autre il se rend, et soudain
De la même manière il l'interroge encore.
Celui-ci ne contenait rien

Et, comme on le pense fort bien,
Rendit un bruit clair et sonore.
Grégoire, tout joyeux, ouvre le robinet,
Mais de liqueur pas une goutte.
Un tel accident le déroute
Et de surprise il demeure muet.
Auprès de ce tonneau laissons petit Grégoire,
Bouche béante, attendre en vain
Que ce tonneau lui donne de quoi boire :
Tonneau qui résonne est sans vin.

Dans un conseil, sur un champ de bataille,
Dans un lycée, ailleurs,
Défiez-vous des grands parleurs,
Vous ne pourrez jamais en tirer rien qui vaille.

FABLE X.

L'ENFANT ET LE LABOUREUR.

Loin des regards de sa mère chérie,
Un enfant beau comme le jour
Allait cueillant des fleurs au sein d'une prairie,
De reptiles impurs ordinaire séjour.
Soudain d'une voix forte un laboureur lui crie :
— Arrête, mon enfant,
Ne vas pas en avant :
Des serpents sont cachés sous cette herbe fleurie,
Leur aiguillon donne un trépas certain,
Et déjà leur piqûre
A de plus d'un enfant ensanglanté la main ;
Retire-toi ! crains leur morsure. —

Mourant de peur, notre petit bambin
S'éloigne et fuit par le premier chemin.
Mais par malheur bientôt il se rassure.
— Allons, dit-il, ce laboureur
Veut, j'en suis sûr, me faire peur. —
Il revient donc et d'une main avide
Le voilà qui se met à moissonner des fleurs
De toutes les couleurs,
Allant, courant partout où le plaisir le guide.
Mais au moment qu'il détachait
Une violette timide
Qui sous le gazon se cachait,
Tout à coup de son noir repaire
S'élance une horrible vipère
Qui blesse à mort le pauvre enfant.

Plaisir et danger bien souvent
Vont cheminant de compagnie.
Selon moi, les romans, les bals, la comédie,
Sont des fleurs qui parfois cachent quelque serpent.

FABLE XI.

L'ÉCOLIER ET SA MÉMOIRE.

Le petit Paul récitait sa leçon,
   Ou plutôt, selon sa coutume,
La mutilait d'une étrange façon.
Son maître le grondait, sans peine on le présume,
   Et même il le grondait bien fort.
Paul aurait dû reconnaître son tort,
   Mais le drôle, au contraire,
S'en prit à sa mémoire et lui tint ce discours :
   — Quand je récite ma grammaire,
   En vain j'implore ton secours,

Tu fais la sourde oreille alors que je t'appelle,
　　Si bien qu'à tout moment j'encours
　　Quelque punition nouvelle.
　— Mon cher ami, tu vas, tu viens, tu cours
　　Où bon te semble, tous les jours,
　　Et tu me négliges, dit-elle ;
Si plus souvent tu me faisais la cour,
　　Je me montrerais plus fidèle ;
Mais tu me fuis, je te fuis à mon tour.
A l'avenir, pour moi montre donc plus de zèle
　　Et j'aurai pour toi plus d'amour.
　A t'obéir veux-tu que je m'empresse,
Veux-tu qu'à tes désirs je ne refuse rien ?
　　Petit ami, cultive-moi sans cesse. —
Paul suivit ce conseil et s'en trouva fort bien.

FABLE XII.

LE HÊTRE ET LE LOIR.

Un vieux hêtre aussi vert qu'au temps de sa jeunesse,
Nourrissait de ses fruits une troupe de loirs,
Les logeait dans son tronc, le plus doux des manoirs
    Pour un peuple de cette espèce ;
Mais pour se procurer de ses fruits délicats,
Il leur fallait monter et descendre sans cesse.
Cette peine à la fin fatiguant leur paresse,
    Voilà ces petits scélérats
Qui veulent renverser celui dont la largesse
    Soir et matin fournit à leurs repas.
Un jour donc on put voir leurs bandes assassines
    Au pied du hêtre s'assembler,

Fouir avec ardeur pour ronger ses racines,
Ensuite pousser l'arbre afin de l'ébranler.
Secondant leur effort et servant leur démence,
Les vents avec fureur se mettent à souffler,
Si bien que l'arbre tombe et de sa tige immense
    Frappe le sol qu'il fait trembler.
Alors tout à leur soûl les loirs mangent sans peine ;
    Mais quand ils eurent tout grugé,
    Tout dévoré, tout saccagé,
Et qu'il ne resta pas la plus petite faîne,
    L'arbre tout sec leur refusa ses fruits.
    Alors survint une famine extrême
    Qui bientôt les eut tous détruits.

Nuire à son bienfaiteur, c'est se nuire à soi-même.

FABLE XIII.

L'ANESSE ET LA JUMENT.

Dans un riant vallon
De la fraîche Arcadie
(Je n'ai point retenu le nom,
Car vieillesse aisément oublie),
Un jour la mère d'un ânon
Tint ce discours à sa voisine
La jument,
Mère aussi d'un poulain charmant :
— Ma chère cavale, examine
Que de rapports entre nos fils !
Nés tous deux dans la même étable,

Tous deux aux mêmes prés nourris,
Tous deux de figure agréable,
Ayant les mêmes goûts, aimant les mêmes jeux,
Tous deux également folâtres et joyeux,
Ils sont à peu près du même âge ;
Qu'une étroite amitié les unisse tous deux,
Et bientôt ils auront encor même langage.
— Je ne saurais approuver ton dessein,
Répondit à l'ânesse
La mère du poulain :
Il ne me paraît point dicté par la sagesse :
Va ! je sais trop combien
Malheureusement la jeunesse
Se porte au mal plus volontiers qu'au bien.
J'ai donc lieu de douter, ma chère,
Qu'un jour ton fils hennisse, et j'ai peur que le mien
Ne s'habitue à braire.

FABLE XIV.

L'AUTRUCHE.

Malgré la masse de son corps
    Et la faiblesse de ses ailes,   [d'efforts
Une autruche, un beau jour, crut que sans trop
Elle pourrait voler comme les hirondelles.
    La folle, au sommet d'un rocher
    S'élève à force de marcher,
        Puis avec assurance
        Au sein des airs s'élance,
Rêvant avec orgueil un voyage lointain ;
    Mais sa chute fut si funeste
Que l'imprudente eut le sort de Vulcain,

Quand, du séjour céleste,
Jupiter le lança de son bras souverain.
Ainsi cet oiseau qui naguère
Voulait, d'un vol audacieux,
S'élever jusqu'aux cieux,
Ne peut même à présent se traîner sur la terre.

Cette fable s'adresse à l'homme ambitieux,
A l'enfant qui rougit de l'état de son père,
A quiconque se trouve à l'étroit dans sa sphère,
A qui tenant le bien veut posséder le mieux.

FABLE XV.

—

LE CHÊNE ET L'ARBRISSEAU.

— Vois-tu cet arbrisseau
Courbé comme un cerceau?
Va, mon fils! Que sa tige,
Sous l'effort de ta main
Se relevant soudain,
Vers le ciel se dirige. —
Le fils part sur-le-champ
Et de l'arbre corrige
Le funeste penchant.
— C'est à merveille, Auguste,
Dit le père en riant :

Regarde maintenant
Ce chêne au tronc robuste
Vers le sol s'inclinant.
Atteint du même vice,
Hélas! il a grossi;
Rends-lui pareil service:
Va, mon enfant, le redresser aussi.
— Oh! de moi tu veux rire,
Papa, je le vois bien :
Un bras comme le mien
Y pourrait-il suffire ?
Samson n'y ferait rien.
Autrefois de ce chêne
On eût vaincu sans peine
Le penchant vicieux,
Mais aujourd'hui qu'il est si vieux,
Comment veux-tu qu'on y parvienne ?
Le père alors : — Que cet arbre t'apprenne,
Mon fils, qu'avec le temps tes défauts grandiront,
Qu'il faut les vaincre en ta jeunesse,
Qu'en vain tu l'essaîrais alors que la vieillesse
Aura gravé ses rides sur ton front.

FABLE XVI.

L'IVROGNE ET LE VIN.

L'ivrogne un jour disait au vin :
— Tu sais pour toi jusqu'où va ma tendresse,
 Qu'aux jours même où le travail presse,
Au cabaret je suis dès le matin ;
 Que, pour me corriger, en vain
Ma femme tour à tour me gronde et me caresse;
 Que, malgré ses pleurs, je la laisse
 Plus d'une fois manquer de pain,
Et que, témoins de sa douleur amère,
Et ma fille et mon fils, de leurs bras innocents,
 En me voyant quitter leur mère,

Font pour me retenir des efforts impuissants.
        J'oublie, hélas ! que je suis père.
Tu sais que mon voisin me gourmande à son tour,
    Qu'à tout moment notre curé me blâme,
Dit que je perds mon temps, mon argent, et qu'un jour
        Tu me feras perdre mon âme.
        En échange de tant d'amour,
        Toi, de ma raison tu me prives,
          Sans cesse tu me rends
          Le jouet des enfants
Qui me suivent partout, m'accablent d'invectives.
       — Ingrat, lui répondit le vin,
         D'un breuvage divin
      Apprends à boire avec mesure,
      Et de ma générosité
      Tu recevras, je te l'assure,
      Vigueur, esprit, force, gaîté.
      Crois-moi, ma liqueur agréable
      N'a jamais fait du mal   [nable
Qu'à l'homme intempérant, cent fois moins raison-
      Que le plus stupide animal.

FABLE XVII.

LES CHOUX.

Autrefois vivait dans la Bresse
Un villageois, bon père et bon voisin,
Qui cultivait dans son jardin
Des légumes de toute espèce.
Ce laboureur, un beau matin,
Dit à Laure sa jeune fille :
— N'aperçois-tu pas à l'envers
Des feuilles de ces choux, et si beaux et si verts,
Quelque chose qui brille?
Tous ces points jaunes si petits,
Si jolis,

Sont des œufs de chenille.
Ecrase-les sans différer,
Si tu veux voir nos choux jusqu'au bout prospérer.
— Je le ferai, répondit Laure. —
Mais, au lieu d'obéir soudain,
Elle remit l'affaire au lendemain,
Puis elle la remit encore.
Bref, à force de renvoyer,
Elle finit par l'oublier.
Or, il arriva que le père
Fut malade et garda le lit ;
Mais au jardin lorsqu'il redescendit,
Sa déception fut amère,
Les maudits œufs étaient éclos ;
Plusieurs milliers d'avides animaux
Avaient atteint des choux les feuilles les plus hautes,
Et de ces plants naguère encor si beaux
N'avaient laissé que la tige et les côtes.
Le père était si bon qu'il ne se fâcha pas ;
Mais, appelant à lui sa fille paresseuse,
Il lui faisait contempler ces dégâts,
Et la pauvre enfant, dans ses bras,
Pleurait toute honteuse.
Le bon vieillard alors, pressant contre son sein
Laure que sa douleur lui rend encor plus chère :

— Souviens-toi, disait-il, d'obéir à ton père,
Ma fille, et ne vas plus remettre au lendemain
    Ce que la veille tu peux faire.

FABLE XVIII.

FINETTE.

Dans la salle à manger d'un seigneur de Paris
    Qui tenait toujours table ouverte,
Au-dessous du parquet une jeune souris,
    Toute mignonne, toute alerte,
Avait trouvé le plus sûr des abris,
    Et lorsque la salle déserte
    Ne résonnait plus d'aucun bruit,
Finette tout-à-coup sortant de son réduit,
    Venait recueillir sous la table
    Les débris tombés du festin,
    Et, grâce à l'immense butin,

Faisait deux fois par jour repas très-confortable.
Pensant qu'un tel bonheur ne devait pas finir,
    Notre étourdie, au sein de l'abondance,
        Sans rien garder pour l'avenir,
       Ne songeait qu'à faire bombance.
Mais est-il ici-bas rien qui dure toujours?
    Pour respirer l'air pur de la campagne,
Le seigneur, un matin, partit pour un château
           Très-beau
      Qu'il possédait dans la Champagne.
      Il se fit suivre de ses gens.
      Lors au logis plus de cuisine,
   Et la pauvrette, au bout de quelque temps,
N'eut plus rien que la peau collée à son échine.
     Nul rat ne vint à son secours,
       Et bientôt la famine
De cette infortunée eut terminé les jours.

    La prévoyance en tout est nécessaire ;
      Mais celle que moi je préfère,
Qu'ici je recommande avec le plus grand soin,
    Consiste à faire, au temps de la jeunesse,
Ample provision de savoir, de sagesse,
Afin de ne jamais en manquer au besoin.

FABLE XIX.

LA CHÈVRE ET LA BREBIS.

— Vois-tu là-bas cette colline ?
Disait la chèvre à la brebis ;
Derrière croît une herbe aussi tendre que fine,
Une herbe enfin du goût le plus exquis.
J'en ai mangé bien des fois en ma vie !
Regarde par-ici, ce sentier y conduit ;
Si de te régaler tu sens la moindre envie,
Suis-moi. — La chèvre part et la brebis la suit.
Après une marche pénible,
Elles arrivent à la nuit
Sur un rocher désert, aride, horrible.

En riant aux éclats la chèvre alors s'enfuit.
    De sa protection visible
    Le ciel entoura la brebis,
Qui fort heureusement regagna le logis.
A quelque temps de là la trompeuse commère
Aborde la brebis en lui disant : — Ma chère,
    Ne sens-tu pas cette chaleur?
Pour moi je n'en puis plus. Ah! la soif me dévore,
    Et par malheur
La source où nous buvons est éloignée encore ;
    Toi, tu dois avoir soif aussi.
Derrière ce rocher qu'on distingue d'ici,
    Depuis longtemps je sais une fontaine
    D'une fraîcheur, d'une limpidité....
      Veux-tu qu'à l'instant je t'y mène?
      — Oh! ce serait, en vérité,
Dit la brebis, te donner trop de peine;
    Je connais d'ailleurs ta bonté;
    A d'autres! j'ai bonne mémoire.
    A ta fontaine on ne peut boire,
    Quand de ton herbe on a goûté.

FABLE XX.

L'OURS, LE SINGE ET LE CHAMEAU.

Un homme (je crois fort qu'il était de Sicile),
Pour amuser les enfants, les balourds,
Ou plutôt pour gagner son pain de tous les jours,
Allait, menant de ville en ville
Le singe, esprit railleur; tête pensante, l'ours,
Et le chameau, quadrupède docile.
Un jour le singe, avec malignité,
Dit à l'animal qui rumine :
— Mon cher camarade, examine
Comme cet ours est fagoté ;
Son corps velu, son dos voûté,
En font vraiment une caricature.

LIVRE IV. — FABLE XX.

En le formant, dame nature
L'a, selon moi, bien maltraité.
S'il est des animaux ingambes,
Ce n'est pas lui certainement,
Et je ne conçois pas comment
On peut, avec de telles jambes,
A la danse trouver le plus faible agrément. —
Le chameau l'écouta silencieusement
    Et répondit par un sourire.
    Après avoir bien drapé l'ours
Et dit de lui tout ce qu'il pouvait dire,
Notre singe l'accoste et lui tient ce discours :
— Regarde ce chameau; Dieu! quelle bosse il porte!
    Vois cette tête et ce long cou!
Quant à moi, si j'étais fabriqué de la sorte,
    Pour me cacher j'irais je ne sais où.
— Et toi-même, as-tu donc la beauté sans partage?
    Animal au cerveau fêlé,
    Répondit l'ours; songe à ton laid visage,
    A ton derrière tout pelé. —

    Ne critiquons jamais les autres,
    Quand leurs défauts frappent nos yeux,
    Nous nous rendrions odieux
    Et nous ferions songer aux nôtres.

FABLE XXI.

L'HIRONDELLE ET LA TOURTERELLE.

— Pourquoi toujours rester chez toi ?
Disait un jour l'hirondelle
A la tendre tourterelle ;
Je pars demain, viens avec moi :
Il est des régions lointaines
Où, sous un ciel d'or et d'azur,
Se déroulent d'immenses plaines
Qu'enrichit le grain le plus pur.
Quel plaisir ! quel bonheur ! ma chère,
De parcourir cet univers,
D'étudier de cent peuples divers
Les lois, les mœurs, le caractère,

LIVRE IV. — FABLE XXI.

Et de promener ses regards
Sur les beautés de la nature
Et sur les merveilles des arts !
Partons et laisse-moi cette retraite obscure.
— Eh quoi ! pour des climats plus doux
J'irais abandonner ma demeure paisible,
Et mes tendres enfants, et mon fidèle époux ?
A leur amour je serais insensible ?
Moi, vous accompagner ? Hélas ! y pensez-vous ?
Qu'ai-je besoin d'aller courir le monde ?
Cette retraite humble et profonde,
Je la préfère au plus riant séjour. —

Comme la tendre tourterelle,
Si le bon Dieu te donne un jour
Un époux aimant, fidèle,
Charmante enfant, rends amour pour amour.
Peut-être en de lointains voyages
Tu trouverais sur d'autres plages
Savoir, plaisir, douceur ;
Mais sois-en sûre, jeune fille,
Ce n'est qu'au sein de ta famille
Que tu pourras goûter la joie et le bonheur.

FABLE XXII.

LA PIE.

Certain oiseau, méchant par caractère
    Et même un peu voleur, dit-on,
    Bavard à ne pouvoir se taire,
La pie, enfin, s'il faut l'appeler par son nom,
    Un jour, comme à son ordinaire,
    Etait en train de jacasser,
    Et par son bec faisait passer
    Maint et maint oiseau son confrère.
Il n'est pas de propos contraires au bon sens,
Pas de méchancetés, pas de nigauderies,
    Pas de fades plaisanteries,

De mensonges grossiers, de lourdes niaiseries,
Qu'elle ne débitât sur des oiseaux absents,
    Et trois corneilles surannées
      Qui l'écoutaient d'un air cagot,
    De tant d'éloquence étonnées,
Des ailes et du bec applaudissaient Margot.
      Le hibou qui, par sa prudence,
  A de Minerve obtenu les amours,
Etait, d'après son dire, un fou qui tous les jours
      Commettait mainte extravagance ;
      Le tendre et paisible ramier
      Maltraitait sa compagne ;
  Le roitelet s'était mis en campagne
Et dans les airs poursuivait l'épervier.
      C'était des contes, à vrai dire,
      Des contes à dormir debout ;
      Aucuns se contentaient d'en rire,
    Mais il en est qui croyaient tout.
      Un moineau franc du voisinage
  En instruisit les oiseaux désignés.
      De tant d'impudence indignés,
    Ils voulaient punir cet outrage ;
Mais ils prirent enfin le parti le plus sage :
— Oublions, dirent-ils, ces propos offensants,
Le mépris seul convient en cette circonstance ;

Vouloir tenir tête aux méchants,
C'est leur donner trop d'importance;
Mieux vaut laisser agir le temps.
Le temps rend à chacun selon qu'il le mérite,
Il imprime la honte au front de l'hypocrite;
Par lui de la vertu le triomphe est certain.

Ainsi, mes chers enfants, si quelque jour l'envie
Sur vous distillant son venin
Cherche à noircir l'éclat de votre vie,
Sachez vous en venger par un noble dédain.

FABLE XXIII.

LE LOUP ET LE JEUNE MOUTON.

C'est ainsi qu'autrefois Fénelon l'a conté :
Des moutons dans leur parc étaient en sûreté,
  Les chiens dormaient, et le berger, à l'ombre
  D'un vieux chêne au feuillage sombre,
Avec d'autres bergers de la flûte jouait,
  Lorsqu'un loup que la faim pressait
  Vint, par les fentes de l'enceinte,
Reconnaître l'état du troupeau qui sans crainte
  Dans le parc reposait.
  Un mouton jeune et sans expérience
  Et qui n'avait encor rien vu,

Près de lui l'ayant aperçu,
Entre en propos sans nulle défiance :
— Que cherchez-vous ici ? lui cria le mouton.
— L'herbe tendre et fleurie,
Répondit le glouton.
Au sein d'une verte prairie
Rien n'est plus doux que d'apaiser sa faim
Et d'étancher sa soif dans un ruisseau voisin
Dont l'onde jamais n'est tarie.
Je trouve ici l'un et l'autre à souhait.
Que faut-il de plus ? Rien. Moi je me glorifie
D'avoir de la philosophie,
Et de peu je suis satisfait.
— Quoi ! reprit le mouton d'une voix attendrie,
Vous ne mangez donc point la chair des animaux,
Il vous suffit d'un peu d'herbe fleurie
Et de l'eau pure des ruisseaux ?
Oh ! dans ce cas, vivons en frères,
Et dans ces campagnes si chères
Paissons unis jusqu'à la mort. —
A ces mots, de son parc le pauvre mouton sort
Et, pressé par sa faim brutale,
Le sobre philosophe à la douce morale
L'étrangle tout d'abord,
Le met en pièces et l'avale.

Enfants, défiez-vous toujours
De ces gens aux belles paroles
Qui vont se proclamant vertueux, bénévoles :
Souvent leurs actions démentent leurs discours.

FABLE XXIV.

L'OURSE ET SON FILS.

Au sein de sa grotte profonde,
Une ourse habitante des bois
Venait de mettre un fils au monde:
C'était pour la première fois
Que madame se trouvait mère,
Et sa déception fut, hélas! bien amère.
Dans son orgueil elle rêvait
Un fils joli, mignon, parfait,
Et celui qu'elle avait fait naître
   Etait
   Si laid

Que les plus clairvoyants n'auraient pu reconnaître
>En lui figure d'animal.
>C'était une masse hideuse,
Quelque chose d'informe et de phénoménal.
>Notre ourse donc, toute honteuse
>D'avoir mis au monde un tel fils,
>Sort tout en pleurs de son logis
>Et s'en va trouver une vieille
>>Corneille
Qui demeurait tout près, pour avoir son avis.
>— Conseillez-moi, bonne commère :
>De ce monstre que dois-je faire ?
>Faut-il l'étrangler à l'instant ?
>>— Etrangler votre enfant !
>Gardez-vous-en bien, misérable,
D'un tel forfait l'homme seul est capable.
Du ciel vengeur redoutez le courroux.
Votre malheur n'est pas, au reste, sans ressources ;
>Dans nos forêts j'ai vu souvent des ourses
>>Dans le même embarras que vous.
>Retournez dans votre tanière ;
Léchez-moi votre fils doucement, doucement,
Et vous allez le voir changer entièrement. —
>>Ce conseil était salutaire ;
>>Notre ourse le suivit

Et, petit à petit,
Cette masse informe et grossière
Sous ses caresses prit la forme d'un ourson
Ayant, ma foi, bonne façon,
Et qui devint l'amour et l'orgueil de sa mère.

L'impatience est un de nos défauts.
Faisons-lui chaque jour la guerre la plus vive ;
De plusieurs biens elle nous prive :
Nous lui devons la plupart de nos maux.

FABLE XXV.

LES DEUX RENARDS.

Par surprise et sans bruit,
Dans un poulailler, une nuit,
Entrèrent deux renards méditant le carnage.
Soudain le meurtre commença.
Malgré son bec et son courage,
Le premier, le coq y passa.
Après lui les poulets et les poules périrent.
Sexe, jeunesse, beauté,
Rien ne fut respecté.
Que d'âmes, chez les morts, cette nuit descendirent !
Enfin, de ces lâches brigands
Quand la fureur fut assouvie

Et qu'il ne resta plus un seul poulet en vie,
Ils tombèrent tous deux sur ces débris sanglants.
      Dans son extrême impatience,
    L'un, jeune, ardent, voulait tout dévorer ;
L'autre, pour l'avenir rempli de prévoyance,
Sans apaiser sa faim voulait se retirer.
— Enfant, disait le vieux, modérons notre envie,
N'allons pas en un jour manger tout notre bien.
      J'ai beaucoup vu : l'animal qui n'a rien,
      Mène une triste et misérable vie ;
Nous avons un trésor, crois-moi, frère, gardons
      Pour l'avenir quelques provisions.
Mon père le disait : S'il est prudent et sage,
De bonne heure un renard doit régler son ménage.
— Bah ! répondait le jeune en dévorant toujours,
    Moi, quand j'y suis, il faut que je m'en donne ;
      Ma foi, l'occasion est bonne ;
      Je veux m'arrondir pour huit jours.
     Va, tu n'es, toi, qu'un vieux avare ;
      Ainsi que moi, mange à ta faim,
Car revenir ici, chansons ! Je le déclare,
      Il n'y ferait pas bon demain.
      Demain, respirant la vengeance,
      Le maître ici se trouverait
        Et nous assommerait,

Car il n'est pas de plus cruelle engeance. —
    Après ce beau sermon complet,
    De la poulette la plus grasse
Il se farcit encor l'estomac, et sur place
    Il crève ainsi qu'un vieux mousquet.
L'autre renard, qui se croit bien plus sage
    De modérer ses appétits,
  Tranquillement regagne son logis
Avant que le soleil éclaire leur ouvrage.
    Le lendemain, notre imprudent
Veut, au déclin du jour, retourner à sa proie.
Le maître l'attendait, et d'un coup de trident
Il lui perce le cœur et chez Pluton l'envoie.

Chaque âge a ses défauts : jeune, à ses passions
    Avec fureur l'homme se livre ;
Vieux, il devient avare, et se condamne à vivre
    Dans l'indigence et les privations.
    On peut encor, dans cette fable,
    Trouver un autre enseignement :
    C'est que tôt ou tard le coupable
De ses méfaits reçoit le châtiment.

FABLE XXVI.

LE PEUPLIER ET LE CERISIER.

— Voyez mon superbe feuillage,
Criait aux arbres d'un jardin
Un peuplier planté sur le bord d'un chemin :
Je prête au voyageur un bienfaisant ombrage.
— Je ne conteste pas ce brillant avantage,
Lui dit un cerisier ; mais où sont donc les fruits
Que tu produis ?

Et moi je dis à la femme volage,
Ainsi qu'au jeune fat, splendidement vêtus :
Vous avez, j'en conviens, un fort joli visage
Et de riches habits ; mais où sont vos vertus ?

FABLE XXVII.

—

L'ORPHELINE ET SON SERIN.

— Toi qui de ma sollicitude
As reçu jusqu'ici les soins les plus touchants,
Ah! désormais cesse tes chants,
Doux ami de ma solitude;
Naguère ils faisaient mon bonheur,
Mais aujourd'hui que je suis seule au monde,
Le calme seul convient à ma douleur profonde:
Mon Chéri, laisse-moi penser à mon malheur.
Quel épais et sombre nuage
S'est levé sur mon avenir!
Mon Dieu, que vais-je devenir,

Si tu n'affermis mon courage !
Pourquoi ravir à mon amour
Les tendres baisers de ma mère ?
Pourquoi me priver de mon père
Qui me gagnait mon pain de chaque jour ? —
Ainsi disait, dans sa tristesse,
La jeune orpheline en pleurant,
Lorsque Chéri, sur son bras accourant,
Lui dit : — Séchez vos pleurs, ô ma belle maîtresse;
Voyez les oiseaux dans les champs :
Pas un ne sème et ne moissonne,
Ils ne remplissent pas des greniers en automne,
Et, quand finit l'hiver, les oiseaux sont vivants.
Celui qui les revêt d'un si brillant plumage
Et qui des plus petits prend soin,
Laissera-t-il dans le besoin
Celle qu'il fit à son image ?

FABLE XXVIII.

LE SANGLIER ET LA BICHE.

Las de courir de forêts en forêts
  Et, peut-être,
Craignant aussi de tomber dans des rêts,
Un sanglier, dans le tronc d'un vieux hêtre
Qu'il semble que le temps eût creusé tout exprès,
Logea sa seigneurie et goûtait le bien-être.
  Là, tout à l'aise il s'engraissait,
  Chose, on le comprend, très-facile,
  Puisque l'arbre lui fournissait
Nourriture abondante et gîte fort tranquille.
  Un jour qu'une biche passait
  Non loin de ce hêtre fertile,

Elle vit le glouton qui prenait son repas,
Et tout à coup, ralentissant le pas :
— Que vous êtes heureux ! dit l'animal agile ;
Ici vous avez constamment,
Et toujours réunies,
Deux choses que, malgré des peines infinies,
L'une après l'autre, moi, je trouve rarement.
Du sein de cette heureuse aisance,
Quelquefois du moins pensez-vous
A qui vous fait un sort si doux ?
Pour le remercier de sa munificence,
Jetez-vous quelquefois sur l'arbre hospitalier
Un regard de reconnaissance ?
— Qui ? moi ? reprit le sanglier :
Eh ! qu'ai-je besoin de connaître
Qui me procure ce bien-être ?
Qu'y gagnerais-je ? rien. Pourvu qu'au demeurant
Je possède toujours ce qui m'est nécessaire,
Gîte commode et bonne chère ;
Le reste, croyez-moi, m'est fort indifférent.

Que répondriez-vous, mon enfant, si la biche
Venait à vous interroger,
Vous que de ses bienfaits le bon Dieu fit si riche,
Vous que dans son amour il daigne protéger ?

FABLE XXIX.

LE CHIPEUR.

— Quel est, maman, ce jeune et beau garçon
    Que l'on mène en prison?
  — C'est le fils de Nicole,
Celui qui l'an dernier fut chassé de l'école.
— Pourquoi chassé? — Le drôle à ses voisins chipait
Règles, plumes, crayons, bref, tout ce qu'il pouvait.
Dans le chemin du mal on avance bien vite.
    Le volereau donc, par malheur,
    En peu de temps devint voleur
      Et voleur émérite,
Exploitant maint quartier de la belle façon.

Or, mon enfant, le proverbe a raison,
Tant va la cruche à l'eau qu'enfin elle se casse.
  Chez un marchand de bric à brac
  Il fut pris la main dans le sac,
Et lorsqu'à deux genoux il demandait sa grâce,
Un gendarme survient, vous saisit au collet
Cet apprenti mandrin qui, tout chargé de honte,
Bientôt de ses exploits devra régler le compte
  Par-devant Messieurs du Parquet.

  Enfants qui chipez à l'école,
 Notez ceci sur votre calepin :
  On chipe d'abord, puis on vole,
  Et puis sur le voleur enfin
  La justice met le grappin.

FABLE XXX.

LA CLOCHE.

Un laboureur, le soir, regagnait sa maison.
    Tout à coup un épais nuage
    S'étend, envahit l'horizon,
Et de ses flancs s'échappe un violent orage.
    La nuit survient et d'effrayants éclairs
    D'un pôle à l'autre illuminent les airs.
Répétés par l'écho, de longs coups de tonnerre
Jusqu'en ses fondements font tressaillir la terre.
    Le laboureur, pâle et tremblant,
Roulant dans son esprit mille pensers funèbres,

Avec peine marchait dans l'horreur des ténèbres.
Déjà même son pied sanglant
S'était heurté contre une pierre,
Lorsqu'aux feux d'un éclair il reconnaît enfin
Qu'il s'est égaré du chemin
Qui passe devant sa chaumière.
Dans tous ses membres court un immense frisson ;
Il s'arrête. Aussitôt, ô bonheur ! ô surprise !
Il entend, reconnaît le son
De la cloche de son église,
Il tourne ses pas vers le lieu
D'où retentit ce son propice,
Et dans son cœur rend grâce à Dieu
Qui l'a sauvé du précipice.
Il avance, et bientôt arrive tout content
Auprès de son foyer où le bonheur l'attend.

Lorsque de la vertu l'homme a quitté la voie,
Une cloche aussitôt retentit dans son sein
Et l'invite à rentrer dans l'unique chemin
Qui conduit au séjour de l'éternelle joie.

LIVRE CINQUIÈME

LIVRE CINQUIÈME.

FABLE PREMIÈRE.

LES QUATRE TAUREAUX.

(Amour fraternel.)

Quatre taureaux paissaient au même pâturage
Et toujours en commun repoussaient le danger.
Un lion affamé vint pour les égorger
   Et les manger,
Mais, les voyant unis, il manqua de courage ;
  A la ruse il a donc recours,
 Les désunit par de trompeurs discours,
  Et l'un après l'autre, sans peine,
Il les étrangle tous en moins d'une semaine.

Pour conserver vos biens, pour défendre vos jours,
Prêtez-vous, mes enfants, un mutuel secours,
 Et parmi vous s'il naît une querelle,
Que jamais le soleil ne se couche sur elle.

FABLE II.

LA MONTRE ET LE CADRAN SOLAIRE.

— Dites-moi, s'il vous plaît,
L'heure qu'il est?
Criait un jour d'une voix claire
Une montre au cadran solaire.
— Avec plaisir, répondit le cadran,
Mais attendez que le soleil m'éclaire.
— Le soleil? moi je n'ai qu'en faire.
Voulez-vous savoir l'heure? Ecoutez: dan! dan! dan!
L'entendez-vous? il est trois heures.
A qui daigne me consulter,
Moi je réponds sans hésiter;

Mais vous qui résidez dans ces hautes demeures
      Pour mieux attirer les regards,
Pourquoi vous taisez-vous, alors qu'on vous consulte?—
La montre poursuivait ce discours plein d'insulte,
      Quand le soleil dissipant les brouillards
Marque sur le cadran trois heures et trois quarts.
— Eh bien! dit celui-ci, qu'en pensez-vous, ma chère?
Ah! vous qui vous vantez de dire promptement
A qui veut le savoir, l'heure à chaque moment,
      Vous feriez bien mieux de vous taire ;
Du moins, imitez-moi, quand je suis consulté,
      J'agis toujours en conscience,
Il m'arrive parfois de garder le silence,
Mais, lorsque je réponds, je dis la vérité.

FABLE III.

—

L'ENFANT ET SON PÈRE.

— Cesse tes jeux, Romain, viens faire ton devoir.
— J'ai bien le temps, papa, j'ai fini mon problème ;
Il ne me reste plus qu'un petit thème,
Un quart de page au plus ; je vais te faire voir.
— Petit ami, tu n'es pas raisonnable ;
Quand le devoir est fait,
On trouve à s'amuser un bonheur plus parfait;
Tiens, mon enfant, écoute cette fable :
De l'hiver craignant les rigueurs,
Un jour les hirondelles
Résolurent d'aller sur des plages nouvelles

Chercher un ciel plus beau, de plus douces chaleurs.
— Nous avons bien le temps, s'écria l'une d'elles,
L'hiver est encor loin, pourquoi donc ces frayeurs?
En ces lieux, cette nuit, moi je demeure encore,
   Mais aux premiers feux de l'aurore,
   Demain je vous joindrai, mes sœurs ;
  Or l'aquilon, dans la nuit même.....
 — Oh! je comprends, dit l'écolier musard ;
   Papa, je vais faire mon thème,
Tu me diras cette fable plus tard.

FABLE IV.

LE FAON POLTRON.

Jadis vivait un faon si poltron, si poltron,
    Qu'un petit gland tombant d'un chêne,
    Un loir en quête d'une faîne
Ou le bourdonnement d'un simple moucheron,
    Tout l'alarmait, tout lui donnait la fièvre.
        Un jour qu'il s'en allait paissant,
        Près d'une aubépine passant,
            Il fit lever un lièvre,
        Et de partir comme l'éclair :
De coteaux en coteaux il court, vole, fend l'air,

On eût dit qu'il avait tout l'enfer à sa suite.
Enfin n'en pouvant plus, épuisé par sa fuite,
    Notre poltron va se cacher
    Dans un bouquet de jeunes hêtres,
    Dominé par un grand rocher.
    Hélas! il y laissa ses guêtres,
Car près de là se trouvait un chasseur
Qui dans les flancs de l'animal timide
Logea d'une main sûre une balle homicide
    Et pour toujours le guérit de la peur.

    A quoi bon cette fable?
    Mes amis, elle apprend
    Qu'un danger véritable
Vient parfois de la peur d'un danger apparent.

FABLE V.

L'AMANDIER ET LE POIRIER.

Déjà couvert des dons de Flore
Un jeune et superbe amandier
Se moquait ainsi d'un poirier
Dont la sève dormait encore :
— Quand verrons-nous vos fleurs éclore ?
La paresse est un grand défaut ;
Ainsi que moi, frère, il vous faut....
— Non pas, dit le poirier, j'attends que sur son aile
　　La joyeuse hirondelle
Nous ait ramené le printemps.
De fleurir ce n'est pas le temps ;

Nul arbre encor n'a repris sa parure,
Et du ruisseau voisin de glace tout couvert
L'écho n'a pas encor redit le doux murmure.
  A vous parler à cœur ouvert,
   Je crains pour vos fleurs trop hâtives.
    Des rigueurs de l'hiver
    Des fleurs bien plus tardives
   Ont quelquefois beaucoup souffert. —
Et de parler il finissait à peine
Que suivi de frimas, le fougueux aquilon
Envahit de nouveau le paisible vallon.
Tout se flétrit, tout meurt sous sa brûlante haleine,
  Et l'amandier ne donna pas de fruit.

Ne précipitons rien, trop d'empressement nuit.

FABLE VI.

L'OURS.

La faim, dit-on, chasse le loup du bois.
Moi je tiens que les ours, lorsque la faim les gagne,
    En sortent aussi quelquefois,
Témoin ce fait : Un ours, au sein de la montagne
    N'ayant plus rien à mettre sous la dent,
Par une belle nuit vint battre la campagne.
    Tantôt d'ici, tantôt de là rôdant
    Et de tous mets s'accommodant,
Bientôt il n'eut plus faim ; ouvrant les deux oreilles,
Il rentrait dans son fort, bien repu, regardant
    A droite, à gauche, en ours prudent.

Une ruche pleine d'abeilles
Frappe aussitôt ses yeux. — Voilà ce qu'il me faut.
Du miel ! s'écria-t-il, oh ! l'heureuse trouvaille ;
Donnons-nous-en, faisons ripaille.—
Il dit ; et sur la ruche il arrive en un saut.
De la patte il la pousse et par terre il la couche ;
Mais d'abeilles soudain mille escadrons grondants
Fondent sur l'animal farouche,
Le piquent dans les yeux, le piquent à la bouche,
Malgré ses griffes et ses dents.
Il partit comme un trait sans demander son reste,
Prit pour s'en retourner les sentiers les plus courts
Et garda le lit quelques jours.

Ainsi que ma fable l'atteste,
Parfois la gourmandise est très-fatale aux ours,
Mais pour vous, mes enfants, elle est bien plus funeste.

FABLE VII.

LES DEUX ÉDUCATIONS.

— Vois-tu ces dentelles, ma chère?
Vois-tu ces frais rubans
Et ces bijoux charmants?
C'est un nouveau cadeau que je dois à mon père.
Lorsque dans un cercle nombreux,
Par mon élégante parure,
Sur moi j'attire tous les yeux,
O ma Zoé, je te l'assure,
Mon père, alors, mon père est tout joyeux;
Et moi, sans mépriser personne,
J'aime pourtant qu'on s'occupe de moi,

Et suis heureuse quand je voi
Les mille attentions dont chacun m'environne.
Mais toi, ma chère, tes parents,
Pour ta toilette indifférents,
Ne te donnent donc rien ? — Ma mère, avec tendresse,
Me donne des conseils dictés par la sagesse ;
Mon père, habile professeur,
Par ses leçons me charme et m'intéresse ;
Il trouve un souverain bonheur
A cultiver constamment ma mémoire,
A me former et l'esprit et le cœur,
Et chaque jour mes succès font sa gloire.
Lorsque dans un cercle nombreux
Parfois il conduit sa famille,
Et que par ma sagesse et mon savoir j'y brille,
Mon père, alors, mon père est tout joyeux.

FABLE VIII.

LE RENARD ET LE LAPIN.

J'ai lu quelque part qu'un lapin,
Bien jeune encore, à la tête légère,
Echappé du terrier à l'insu de sa mère,
Sur le serpolet et le thym
Folâtrait, gambadait au soleil du matin,
De ses parents ne s'inquiétant guère.
Tandis qu'il se livrait tout entier au plaisir,
Sa pauvre mère désolée
S'en allait le cherchant dans toute la vallée,
Trop lente au gré de son désir.
— Ah! disait la lapine en sa douleur mortelle,
Si le pauvre enfant, par hasard,

Est rencontré par le renard,
Il mourra sous sa dent cruelle.
Si jeune encore, il ne croit point au mal,
Et, loin de fuir ce traître
Et perfide animal,
Au-devant de ses pas il volera peut-être. —
La pauvre mère, hélas ! craignait avec raison.
Un vieux renard à jeun, qui cherchait aventure,
Aperçoit le lapin jouant sur le gazon
Et s'ébattant dans la verdure.
— Mon ami, lui dit-il en s'approchant de lui,
Tu fais bien de venir jouer sur la fougère,
Je courais grand risque aujourd'hui
De ne faire sans toi qu'une bien maigre chère. —
En achevant ces mots,
La bête sanguinaire
Saute sur le lapin, n'en fait que deux morceaux.

Jeunesse imprudente et légère,
De ce lapin plaignez le triste sort ;
Mais, comme lui, n'allez pas vous soustraire
Aux regards d'une tendre mère :
L'absence d'un moment c'est quelquefois la mort.

FABLE IX.

LE FRELON ET L'ABEILLE.

Le soleil se levait; pas de nuage au ciel :
  Avec ardeur une abeille
Butinait sur les fleurs de quoi faire son miel,
 Lorsqu'un frelon vint lui dire à l'oreille :
  — Voyez-vous là-bas ce bambin
   Allant, venant dans le jardin,
  Et qui sur les fleurs fait main-basse?
  S'il en tirait bon parti, passe !
  Mais qu'en fait-il ? Avec mépris
 Il les effeuille, en jette les débris
   Et sous ses pieds il les foule.

C'est un exemple fort mauvais,
Car de pareils marmots, qu'il survienne une foule,
Avec quoi ferez-vous votre miel désormais?
  Il est bien temps que sa fureur s'arrête.
  Fondons sur lui : je le pique à la main,
    Tu le piqueras à la tête,
Et nous allons le voir jouer de l'escarpin. —
    Il n'est rien de plus funeste
    Que le conseil des méchants,
    Lorsqu'il flatte nos penchants.
    Mieux cent fois vaudrait la peste.
    En voyant le tort qu'on lui fait,
      Déjà l'abeille sentait
    En son cœur naître la vengeance ;
    Aussitôt sur le pauvre enfant
      Avec fureur elle s'élance,
      Et le frelon en fait autant.
Ce fut pour le marmot un bien mauvais quart d'heure,
    Il se démène, il crie, il pleure.
    Sa tendre mère qui l'entend
    Accourt, vole, arrive à l'instant.
    Elle l'embrasse et le console ;
    Aussitôt le frelon s'envole ;
  Mais dans la plaie ayant laissé son dard,
L'abeille sur des fleurs va tomber expirante,

Et d'une voix faible et mourante :
— Je reconnais mes torts, dit-elle, mais trop tard.
La peine qui m'arrive, hélas ! n'est que trop due ;
Je n'ai su résister à mon emportement.
Toute faute après soi porte son châtiment ;
    Un mauvais conseil m'a perdue.

FABLE X.

LES AMIS DU JOUR.

Liés dès leurs plus jeunes ans
D'une amitié bien peu commune,
Pour arriver à la fortune
Trois hommes avaient pris des chemins différents :
Le premier d'entre eux au négoce
Voua par goût tous ses instants ;
Du commerce il avait la bosse
Et s'enrichit en peu de temps.
En cultivant le modeste domaine
Que lui laissèrent ses aïeux,
Le second, très-laborieux,

Parvint enfin, mais non sans peine,
A se créer un sort, sinon brillant, heureux.
Le dernier acheta l'office d'un notaire
    Que son travail avait fait opulent :
C'était pour s'enrichir un moyen excellent ;
      Mais une malheureuse affaire
        Le fit tomber dans la misère,
    Bien qu'il joignît le savoir au talent.
    A son ami le gros millionnaire
    Il alla donc demander quelque argent
    Dont il avait un besoin très-urgent.
      — Ta position m'inquiète,
        Mais par malheur, en ce moment,
        Dit le richard, ma bourse est nette ;
    J'ai dans trois jours à payer une traite,
      Par conséquent tu dois juger !
Que je suis donc fâché ! Mon Dieu, que je regrette !
J'aurais tant de plaisir, mon cher, à t'obliger ! —
    A s'éloigner le notaire s'empresse ;
Chez le propriétaire il court le lendemain,
      Lui fait connaître sa détresse.
      Ce dernier l'oblige soudain ;
      Mais loin de taire son service,
      Il va le crier sur les toits,

Exagère ce bon office
Et de l'amitié sainte il outrage les droits.

Ah! dans ce siècle où l'égoïsme
Infecte et sèche tant de cœurs,
Ainsi qu'il est prescrit dans votre catéchisme,
Aimez votre prochain, soulagez ses malheurs.
Dans ses besoins s'il vous implore,
Mes chers enfants, obligez-le en secret,
Et que toujours votre main gauche ignore
Ce que votre main droite a fait.

FABLE XI.

L'ORAGE.

Un paysan, par motif d'intérêt,
  S'était mis en voyage.
 En passant près d'une forêt,
Il se vit tout à coup assailli par l'orage.
 Avec fracas le tonnerre grondait,
Et l'eau qui constamment du ciel à flots tombait
  Faisait craindre un nouveau déluge.
Le pauvre paysan, sans abri, sans refuge,
   Comme un damné jurait,
   Contre le vent pestait,
Et pour gagner un village tout proche,

Faisait effort, doublait le pas,
Lorsqu'un brigand qu'il n'apercevait pas,
D'un bras vigoureux lui décoche
Une flèche en visant au cœur,
Et chez les morts l'eût envoyé sans doute,
Si le vent, par bonheur,
En la détournant de sa route,
N'avait sauvé la vie au voyageur,
Et tout-à-coup, du sein de l'orage qui gronde,
On entendit retentir cette voix :

Lâche blasphémateur, sais-tu par quelles lois
Ma sagesse profonde
Régit les choses de ce monde ?
Vois donc ce qu'à l'orage en ce moment tu dois !
Sans murmurer, une autre fois,
D'un cœur reconnaissant adore
Le Dieu qui soulève les vents.
Insensé ! Si tu vis encore,
N'est-ce pas grâce au mauvais temps ?

FABLE XII.

LE BACHELIER (¹) CHINOIS ET SON ÉCOLIER.

Un petit écolier chinois,
D'un caractère un peu sournois,
Paresseux, cela va sans dire,
Quand le bachelier faisait lire,
Au lieu de suivre ainsi qu'il le devait,
S'amusait à couper les tables de la classe.
En vain le bachelier chaque jour l'exhortait
A se tenir attentif à sa place,
C'était
Ni plus ni moins que s'il chantait.

(¹) En Chine les bacheliers ont le monopole de l'enseignement.

A sermonner l'enfant toujours plus indocile
        Voyant qu'il perdait son latin,
        Le bachelier en maître habile
        Change de note un beau matin,
        Il prend une gaule et la cache
        Du mieux qu'il peut sous ses habits,
        Puis voyant tomber les débris
        Que de la table Han-King détache,
        Notre homme vient à pas de loup
        Et sur la main du petit drôle
            Il allonge un grand coup
                De sa gaule.
        L'enfant, qu'excite la douleur,
        Se lève en criant comme un diable,
        Fait une grimace effroyable;
        Une grimace à faire peur ;
        Et ses camarades, de rire,
        De rire à se tenir les flancs.
        Honteux plus qu'on ne saurait dire,
        Il riait, lui, du bout des dents,
Mais il n'y revint plus, j'en donne l'assurance.

        Mon Dieu ! que d'écoliers en France
            Recevraient sur les doigts
Si pour maître ils avaient ce bachelier chinois !

FABLE XIII.

ADÈLE ET SA MÈRE.

Dans les jours brûlants de l'été,
Quand les moissons tombent sous la faucille,
Une dame de la Cité,
A la campagne avait conduit sa fille,
Aimable enfant d'une frêle santé.
Sous un chêne aux rameaux superbes
Un jour qu'elles se reposaient,
Des moissonneurs dans un champ relevaient
Et dans leurs bras serraient des gerbes
Qu'avec précaution sur un char ils portaient.
La jeune fille, ingénue et candide,
Qui sortait de Paris pour la première fois,

Contemplait d'un regard avide
Ces heureux et bons villageois.
Or, le lendemain, sur une aire
Ces mêmes paysans, de lourds fléaux armés,
Sur ces gerbes frappant comme des forcenés,
En brisaient la paille légère.
Il arriva qu'en un chemin
Voisin,
La jeune fille alors passait avec sa mère :
— De ces hommes, maman, d'où vient donc la colère ?
Quel est, dis-moi, leur funeste dessein ?
Avec une tendresse rare
Hier ils pressaient tous ces gerbes sur leur sein,
Et tu vois maintenant leur conduite barbare :
Pourquoi ce changement soudain ?
— Du monde, chère Adèle,
Tu vois en ce moment
Une image fidèle,
Lui dit sa mère tristement.

Que de gens au riant visage,
Aujourd'hui nous serrant la main,
Jurent de nous aimer d'un amour sans partage,
Et sans pitié, le lendemain,
Nous foulent sous leurs pieds si c'est leur avantage !

FABLE XIV.

LE CHIEN ET SON MAITRE.

Un seigneur riche et vénéré
De tous les gens du voisignage,
Ayant un matin rencontré
　　Dans un village
　Un chien qui de chez lui
　　S'était enfui,
— Animal, lui dit-il, aussi lâche que traître,
　Comment, sans motif, sans raison,
　As-tu pu quitter la maison
　De ton généreux et bon maître ?
　— De vous je me plaindrais à tort ;

Par vos caresses
Et vos largesses,
Vous saviez adoucir mon sort;
Je n'ai jamais senti votre colère,
En vous j'avais un maître et bienveillant et doux;
Mais vos valets, d'un naturel contraire,
Chaque jour me rouaient de coups,
Et m'ont forcé de me soustraire,
Non point au mal que j'ai reçu de vous,
Mais à celui que vous me laissiez faire.
Dès lors, soit dit sans vous fâcher,

Celui qui fait le mal n'est jamais excusable,
Mais celui qui doit l'empêcher
Et le laisse commettre, est tout aussi coupable.

FABLE XV.

LA FOURMI ET LA CIGALE.

Dame fourmi que Lafontaine
  Autrefois mit en scène,
   A force d'amasser
    Et d'entasser,
Vit à la fin sa grange pleine.
Un jour, contemplant ses trésors :
— Me voilà riche et richissime,
  Se dit-elle, et dès lors,
Je puis jouir d'un repos légitime,
  Ne plus songer qu'à mes plaisirs,
  Et contenter tous mes désirs.
  Mais comme chez soi l'on s'ennuie,

Lorsque le temps est à la pluie,
Etudions les arts pour charmer nos loisirs:
La musique est de tous celui que je préfère,
   Car la musique entretient la gaîté,
     Et doit avoir sur la santé
     Une influence salutaire.
Dame cigale excelle dans le chant,
Elle a depuis longtemps oublié, je l'espère,
    Que sans pitié pour sa misère.....
    Allons la trouver sur-le-champ. —
    Pressant le pas, en moins d'une heure,
La future écolière arrive à la demeure
     De la cigale et lui dit :
    — Vous êtes sans contredit,
   Madame, une habile chanteuse,
   Et je m'estimerais heureuse
De recevoir de vous quelques leçons,
   Car je suis folle de musique :
Je vous en prie, au plus tôt commençons. —
La cigale riant d'un rire sardonique :
    — Moi, t'apprendre à chanter !
   A toi, mauvaise, qui naguère
   Me refusais le nécessaire !
Allons donc ! tu veux plaisanter !

FABLE XVI.

LE PEUPLIER ET LE TOURNESOL.

Un beau peuplier d'Italie
Qui se dressait près d'un jardin,
Devant maisonnette jolie,
Au tournesol dit un matin :
— De ses premiers rayons quand le soleil colore
La voûte imposante des cieux,
Pourquoi ton disque spacieux
Regarde-t-il du côté de l'aurore,
Et quand l'astre au front radieux
Le soir se dérobe à nos yeux,
Pourquoi vers lui sa fleur se tourne-t-elle encore ?

Assidu courtisan du roi de la clarté,
　　Quel intérêt si puissant te dirige ?
　　　Comme moi relève ta tige
　　Et dans les airs monte avec dignité.
　　— Un sentiment bien plus noble m'anime :
　　　En me prodiguant sa chaleur,
　　En m'inondant de sa clarté sublime,
　　　　Le soleil fait mûrir ma fleur,
　　　　Et lui donne cette couleur
Qui me vaut, des mortels, et l'hommage et l'estime.
　　Voilà pourquoi je le suis en son cours.
　　　　Aussitôt qu'au ciel il commence
　　　　Sa carrière de tous les jours,
Si mon regard vers lui se dirige toujours,
C'est un regard d'amour et de reconnaissance.
　　Nous avons tous un père dans les cieux,
　　Qui de bienfaits nous comble sans mesure ;
　　　　Tout ce qui vient frapper nos yeux,
　　　　Tout ce qui vit dans la nature,
De sa main libérale est un don précieux :
　　　　C'est lui qui revêt de verdure
　　　　Et nos plaines et nos forêts,
　　　　Qui fait mûrir dans les guerêts
　　　　Le blé pour notre nourriture.
　　　　Il donne à l'aurore ses fleurs ;

Aux frais ruisseaux, leur doux murmure ;
Au printemps, ses tapis de fleurs ;
Ses flambeaux à la nuit obscure.
Votre père si bon pour vous,
D'une tendresse si profonde ;
Votre mère aux regards si doux,
Qui de caresses vous inonde ;
Votre sœur, ange de beauté
En qui tant de candeur abonde,
Vous les devez à sa bonté.
Dans les orages politiques
Ou dans le calme de la paix,
Près de vos foyers domestiques,
Loin du toit paternel, objet de vos regrets,
Dans vos revers, dans vos succès,
Libres ou dans la servitude,
Au milieu des cités ou de la solitude,
Dans un superbe et fastueux palais,
Ou sous le toit de l'indigence,
Pour le remercier de ses divins bienfaits,
Chantez l'l'hymne pieux de la reconnaissance,
Et que vos chants d'amour ne tarissent jamais.

FABLE XVII.

LE LIS.

Un jeune lis croissait aux champs ;
Jamais au souffle du printemps
Ne s'est épanouie une fleur aussi belle.
Sous un ciel d'azur, tous les jours,
Il balançait sa coupe de velours,
D'une fraîcheur toujours nouvelle.
Ses compagnes les autres fleurs
Le contemplaient avec envie.
Chaque matin, de sa beauté ravie,
L'aurore avec amour l'inondait de ses pleurs.
Heureux ce lis, s'il avait su connaître
Le bonheur que l'on goûte au lieu qui nous vit naître !

Mais il advint qu'un jour la belle Paméla
Vint chercher en ces lieux la fraîcheur de l'ombrage ;
  La fleur la vit et l'appela,
  Et puis lui dit en son langage :
  — Dans une triste obscurité,
  Ici je languis, je soupire ;
  Un vase d'or ou de porphyre
  Siérait bien mieux à ma beauté.
  Ne souffrez pas qu'ici je meure ;
  Daignez m'emporter avec vous,
  Et de mes parfums les plus doux ,
  J'embaumerai votre demeure. —
  La jeune fille emporta donc la fleur :
  Dans un beau vase elle est placée ;
Mais, adieu son éclat, son parfum, sa couleur !
Bientôt elle mourut flétrie et délaissée.

De ton heureux village et la gloire et l'amour,
Toi dont le front si pur de tant de gaîté brille,
  De nos cités, ô jeune fille,
Garde-toi d'envier le funeste séjour.
  Loin du soleil qui dora ton enfance,
  Beau lis, éclatant de blancheur,
Ah ! tu perdrais bientôt ton aimable fraîcheur
Et ce divin parfum qu'on nomme l'innocence.

FABLE XVIII.

LE NUAGE ET LA FLEUR.

Le ciel était calme et brûlant,
Et du soleil étincelant
Les feux couvraient la plaine aride.
Dans les airs un nuage humide,
De forme et de couleur changeant,
Seul, promenait fier et splendide
Ses légers flots d'or et d'argent ;
Triste, et de soif presque mourante,
Une humble fleur, avec effort,
Levant sa tête suppliante,

LIVRE V. — FABLE XVIII.

    Lui demandait, pâle et tremblante,
    De prendre pitié de son sort :
    — Entends mes vœux, sois-moi propice,
    O des nuages le plus beau,
    Disait-elle, et dans mon calice
    Fais tomber un peu de ton eau ;
    De la douce et féconde pluie
    Qui pèse sans doute à tes flancs,
    Sur moi, beau nuage, répands
    Une goutte, je t'en supplie,
    Hélas ! il en est temps encore.
    Mais si de moi tu n'as souci,
    Je meurs et ma famille aussi,
    Je n'atteindrais pas à l'aurore. —
Et le nuage, sourd à la voix qui l'implore,
    S'en va flotter sous d'autres cieux,
Sans trop s'inquiéter du destin rigoureux
    De l'humble fleur que le soleil dévore ;
    Mais avant le déclin du jour,
    Ramené par l'Auster qui gronde,
    Dans son calice avec amour
    Il répandit les trésors de son onde,
    Et sur-le-champ la pauvre fleur,
    Qui périssait de sécheresse,
    Sur sa frêle tige se dresse,

Reprend sa brillante couleur,
Le doux éclat et la fraîcheur
Dont s'embellissait sa jeunesse.

Dans nos besoins, ayons recours
A la divine Providence ;
Des biens que sa bonté dispense
Si Dieu parfois suspend le cours
Et fait sur nous lever de mauvais jours,
Prions et souffrons en silence ;
Dieu ne s'est pas éloigné pour toujours,
Il nous visitera bientôt dans sa clémence :
C'est à l'heure où moins on y pense,
Que bien souvent arrive le secours.

FABLE XIX.

L'ANE MARAUDEUR.

Un tout petit coquin d'ânon,
Drôle, ayant toute honte bue,
Faisait cent fois le jour des tours de sa façon ;
Un seul instant l'ânier le perdait-il de vue,
Dans le premier clos il entrait,
Et d'un coup d'œil ayant fait sa revue,
Sur les plantes qu'il préférait
A toutes jambes il courait,
Et, s'en donnant par les babines,
Il les tondait jusqu'aux racines,

Ne faisant, comme on dit, que tordre et qu'avaler :
C'était un vrai plaisir que de le voir aller.
  Jusqu'à ce jour, de notre bête
  Nul accident n'avait troublé la fête.
Tant de bonheur lui mit la cervelle à l'envers,
  De plus en plus l'enhardit au pillage,
  Mais, comme dit un vieil adage,
  Toute médaille a son revers :
Un jour que notre ânon traversait une haie
  Pour pénétrer dans un jardin,
Le maître de céans ne fut pas d'humeur gaie.
A peine l'a-t-il vu, qu'il saisit un gourdin,
  Sur le maraudeur il s'élance,
  Et vous le rosse d'importance.
   Je crois bien
   Que le chien
  Se mit aussi de la partie.
  Je vous laisse à penser
  Si l'âne dut danser
  Un branle de sortie !
Peu s'en fallut qu'il n'y laissât la peau.
S'il put rejoindre le troupeau,
  Ce ne fut pas sans peine ;
Il arriva tout honteux, tout capot,
A la tête blessé, blessé sur le garot,

Traînant le pied, perdant haleine,
N'en pouvant plus, mourant, pour tout dire en un mot.

Ecoliers maraudeurs qui, dans vos promenades,
Franchissez quelquefois
Cloisons et palissades,
Pour dérober des pommes ou des noix,
Gardez-vous désormais de telles escapades,
De ces petits larcins ne faites pas un jeu ;
Vous le savez très-bien, l'équité les condamne ;
Et puis, réfléchissez : l'histoire de cet âne
Pourrait fort bien vous regarder un peu.

FABLE XX.

LES DEUX SOURIS.

Deux souris cherchant aventure
Et par-ci, par-là trottinant,
Trouvèrent par hasard un huilier contenant
Une liqueur aussi douce que pure.
Elles auraient assurément
Vidé le vase en un moment,
Mais, si petite en était l'ouverture,
Que les friponnes eurent beau
Vouloir y passer le museau,
Leur museau se trouva de trop forte mesure.

Leur soif était grande pourtant ;
Pour l'assouvir comment s'y prendre ?
Ronger le vase ? Il n'est pas assez tendre ;
Le renverser ? Il tient trop fortement.
    On se regarde, on délibère,
    Mais sans trouver d'expédient
    Pour mener à bien cette affaire.
    Déjà l'une, quoique à regret,
    A s'éloigner se détermine ;
    Mais, plus ferme dans son projet,
    A réussir l'autre s'obstine ;
Et, sur sa patte abaissant le museau,
    Cherche dans son petit cerveau,
Si, pour goûter cette liqueur divine,
Il n'existerait pas quelque moyen nouveau.
    Tout à coup relevant la tête,
    — Oh ! oh ! cria-t-elle, j'y suis !!
    Reviens donc, toi qui fuis,
Reviens, ma sœur, partager ma conquête. —
Et sur l'huilier à ces mots se campant
Jusques au fond notre fine commère
    Trempe sa queue en l'agitant,
    Puis, à sa bouche la portant,
Y prend une lippée et, triomphante et fière,
    Dit à sa sœur : — Viens donc en faire autant. —

12.

De l'invention qu'elle admire,
L'autre souris se met à rire,
Mais de la découverte à son tour profitant,
Dans le long vase, au même instant,
Trempe sa queue et l'en retire,
La lèche, et trouve aussi le breuvage excellent.
Enfin, dans la liqueur chérie
Nos deux souris puisèrent tant,
Que la burette fut tarie.

Cette fable fait voir ce que peut l'industrie.

FABLE XXI.

LE CHIEN DU CUIRASSIER.

Après avoir servi longtemps sous les drapeaux,
Un cuirassier revint au foyer de ses pères;
Il le trouva désert : plus de sœurs, plus de frères,
    Ils dormaient tous dans le champ du repos.
Donc, pour tuer le temps, notre vieille moustache
D'un chien qu'on lui donna fit l'éducation,
    Boulof sautait par-dessus la cravache,
    Comme un soldat montait la faction,
      Mieux qu'un valet fermait la porte,
      Savait faire la bête morte,
      Allait même en commission.

Le grognard s'étant mis en tête
De traiter ses amis, de célébrer sa fête,
Boulof dut aller chercher
Un gigot chez le boucher ;
En revenant, il trouva sur sa route
Un chien crasseux, moitié pelé,
Mangeant un poulet que sans doute
Le vieux pendard avait volé.
Devant ce nouveau personnage,
Craignant que son gigot ne soit en sûreté,
Boulof, aussi prudent que sage,
Vire de bord, prend à côté ;
Mais tout à coup : — Où diable vas-tu, frère,
Avec ce gros panier aux dents,
Et que portes-tu là-dedans ?
Voyons, lui dit le vrai cerbère,
Ah ! voilà de quoi faire,
Ou je me trompe, un excellent repas.
— De grâce, dit Boulof, n'arrêtez point mes pas,
Car déjà, j'en suis sûr, mon maître sur sa porte
Enrage, en attendant le gigot que je porte :
Quand je suis en retard, il ne plaisante pas.
— Et que reçois-tu pour ta peine ?
— Des os, quelques restes de plats.
— Tu dois être content. Ma foi, la riche aubaine !

— Oui, cela me suffit, c'est nourriture saine,
Et je me porte bien, si je ne suis pas gras.
— Pauvre idiot ! bête stupide,
Le sot métier que tu fais là ;
Quoi ! servir un maître sordide
Qui te donne les os tandis qu'il fait gala !
C'est bien moi, dit le chien, qui souffrirait cela !
Ami, veux-tu me croire,
Viens prendre part à mon butin. —
Boulof d'abord refusa, dit l'histoire ;
Puis il accepte enfin,
Le poulet fut mangé sans boire,
Mais n'ayant point suffi pour apaiser leur faim,
Le panier eut son tour, si j'ai bonne mémoire,
Et l'on joua si bien de la mâchoire
Que le gigot fut mis à fin.

Enfants, cette fable vous montre
Que rien n'est plus fatal
Que la rencontre
D'un mauvais garnement qui vous entraîne au mal.

FABLE XXII.

LA ROSE ET LA JEUNE FILLE.

Le ciel était pur et serein,
Sur l'horizon pas un nuage,
Jeune Adèle au gentil corsage,
Revenant le matin
De son jardin,
Traversait le village,
Un joli bouquet à la main ;
Et comme c'était un dimanche,
Adèle avait mis un bonnet
Tout coquet,

Son col brodé, sa robe blanche,
Enfin
Son beau tablier de satin.
Près d'arriver, Mademoiselle
Rencontre son proche voisin
Avec un étranger causant sur le chemin.
— Voyez donc qu'elle est belle !
Quel vif éclat, quelle fraîcheur ! —
Dit l'étranger, et sur le front d'Adèle
S'épanouit une aimable rougeur,
Car elle prit cet éloge pour elle.
Notre coquette, en ce moment,
Se retourne d'un air charmant,
S'incline gracieusement,
Et par un doux sourire
Au jeune étranger semblait dire:
— Merci de votre compliment. —
Soudain les deux causeurs de rire ;
Mais tout à coup le voisin dit:
— Ce n'est pas de toi qu'il s'agit ,
Mais de la rose
A peine éclose
Dont l'éclat de tes autres fleurs
Fait pâlir les vives couleurs.
Adèle à ces mots fit la moue,

Et même quelques pleurs
Coulèrent le long de sa joue.

Petits garçons,
Petites filles,
Et si mignons
Et si gentilles,
Qui riez de sa vanité,
De grâce un peu de charité :
A la place d'Adèle,
Vous eussiez fait comme elle,
Je vous le dis en vérité.

FABLE XXIII.

LES DEUX LAPINS ET LE RENARD.

Deux lapins bien jeunes encore
S'ébattaient dans un champ au lever de l'aurore ;
Couvrant sa marche, un vieux renard,
Maître passé dans l'art de feindre,
S'approche d'eux, les couvant du regard,
Et dès que ce franc Papelard
Est assez près pour les atteindre,
Il happe les pauvrets. S'il est un être à craindre,
C'est le méchant doublé de la peau du cafard.

FABLE XXIV.

LE CHAT CALOMNIATEUR.

Un jour devant son maître arrive Catherine :
—Ah! Monsieur, quel malheur ! Le chat avec le chien
    En mon absence ont pillé la cuisine,
Et pour votre dîner il ne reste plus rien. —
        Aussitôt devant le maître
        Fanor et Rodilard
        Sont assignés à comparaître
        Sans retard.
Le chat vint le premier, et le vieil hypocrite
    De la candeur prenant le ton,
    Avant qu'à parler on l'invite :

— Seigneur, dit-il, pourquoi m'accuse-t-on,
　　Moi qui jamais ne touche
　　Aux mets interdits à ma bouche?
　　Quant à Fanor, c'est un glouton;
　　Vous le croyez sobre et fidèle,
Mais à cacher son jeu bien que le drôle excelle,
　　Je le vois presque tous les jours
　　Vous jouer de semblables tours.
Oui, je dois l'avouer pour ma propre défense,
　　Le bon apôtre a fait le coup ;
　　De l'accuser il m'en coûte beaucoup,
Mais je dois avant tout prouver mon innocence,
　　　　Sans quoi,
Une part des soupçons retomberaient sur moi.
Pendant que le fripon l'habillait de la sorte,
　　Fanor se montre sur la porte ;
　　En le voyant, le chat se tait :
　　Fanor, sommé de se défendre,
Soutient qu'il n'est pas, lui, l'auteur de ce méfait ;
—Le chat vient d'avouer t'avoir souvent vu prendre...—
　　Fanor d'un tel discours surpris,
Jette sur Rodilard un regard de mépris.
　　　— Je pourrais bien te rendre
Mal pour mal, lui dit-il, mais j'aurais trop beau jeu.
Du tort que j'ai causé je n'accuse personne,

Tandis que toi... mais va, je te pardonne !
Je vous dois, maître, cet aveu,
Je le fais en toute franchise,
Oui, j'ai pu m'oublier
Et céder à la gourmandise,
Je ne chercherai pas à me justifier ;
Mais, sur l'honneur, je le déclare,
Pareil fait est très-rare.
Rodilard, mon accusateur,
N'est, lui, qu'un lâche, un effronté menteur.
Je consens à porter la peine de mon crime,
Mais non à perdre votre estime
Que je crois mériter encor. —
Et pendant que Fanor
Tenait ce langage à son maître,
Un domestique entra subitement,
Dit que non-seulement
Il avait vu par la fenêtre
Ce satané de Rodilard
Qui mangeait le canard,
Mais qu'il avait encor mis en fuite le traître.
Par ce témoignage atterré,
Rodilard, comme on pense,
Baissa la tête et garda le silence.
Le maître alors, outré

De tant d'hypocrisie et de tant d'impudence,
Ordonne que soudain
On pende le coquin.
Quant à Fanor, il en fut quitte
Pour un sermon ; son maître, oubliant ses méfaits,
Des aveux qu'il a faits
A haute voix le félicite.

Ainsi, lorsqu'un enfant
De sa faute se repent,
Avec plaisir on lui pardonne.
Mais le menteur,
Le calomniateur,
Ne trouveront jamais grâce devant personne.

FABLE XXV.

LE MOUCHARD, LE NOUVEL ÉCOLIER ET SON FRÈRE.

Quel est cet écolier qui tout seul à l'écart,
    Les yeux baissés, lentement se promène?
Il paraît inquiet : d'où peut venir sa peine ?
      L'aurait-on fâché, par hasard ?
Pendant qu'autour de lui tout se livre à la joie,
    Il a l'air sombre, et son regard
    Sur ses camarades louvoie.
Pourquoi donc à leurs jeux ne va-t-il prendre part ?
    — Cet écolier, mon frère, est un mouchard.
    Soir et matin quand nous entrons en classe,
A peine chaque élève a-t-il repris sa place,

Qu'on entend le mouchard crier :
— Monsieur, Monsieur, Joseph a taché mon cahier,
Il me pousse le coude et m'empêche d'écrire ;
  Paul m'a tiré par les cheveux,
   Et, pour me faire rire,
Il me fait voir sa langue en ouvrant de grands yeux.
On a mis sur le banc une pointe de plume,
Et je me suis piqué quand j'ai voulu m'asseoir ; —
Bref, des plaintes qu'il fait du matin jusqu'au soir
On pourrait chaque jour composer un volume.
Maintenant que partout on s'occupe de jeux,
Dans ce groupe d'enfants qui chuchotent entre eux,
  Vois comme on lui fait la grimace,
De la tête et du poing vois comme on le menace,
Approchons-nous ; je crois qu'on s'entretient de lui.
Ecoute : — Il m'a fait mettre aux arrêts aujourd'hui,
Mais gare de devant s'il m'échauffe la bile...
  — Il m'a privé de trois jeudis ;
  Mais il faut qu'il soit bien habile
  Pour l'emporter en paradis...
— Moi je lui dois cent vers. Je veux de ses habits,
Ce soir même en sortant, secouer la poussière.
— Moi j'ai fait, grâce à lui, deux heures de piquet,
  Mais cette fois ce sera la dernière,
   Je vous en donne mon billet.

— Eh bien ! qu'en penses-tu, mon frère ?
Dans l'école un mouchard n'a pas un seul ami,
Nul ne le déteste à demi,
Le mouchard c'est la bête noire.
— Je le vois bien, Félix ; aussi tu peux me croire,
Avant que moi je sois mouchard,
L'hercule du jardin (¹) dans l'Isère ira boire
Et sur nos quais si beaux se promener Bayard (²).

(¹) Statue au Jardin-de-ville de Grenoble.
(²) Statue sur la place St-André, à Grenoble.

FABLE XXVI.

LE BŒUF ET LE CHIEN.

D'un foin sec, odorant, on avait fait un tas ;
Dessus se campe un chien le plus hargneux du monde.
Ayant vu le fourrage, un bœuf vient à grands pas,
Se promettant de faire un excellent repas ;
Mais tout à coup le chien montre les dents et gronde :
— Malheureux ! dit le bœuf, que le ciel te confonde !
Comment, tu ne veux pas que je mange d'un foin
        Dont tu n'as pas besoin ? —

De l'envieux tel est le caractère :
Il conserve à tout prix ce dont il n'a que faire.

FABLE XXVII.

—

LE RUISSEAU ET L'ARBRISSEAU.

Une onde jaillissait au pied d'un roc sauvage,
    Et, pour se frayer un passage,
    Elle faisait de grands efforts,
Lorsqu'un des arbrisseaux qui croissaient sur ses bords,
    Lui tint un beau jour ce langage :
    — A quoi bon fatiguer vos eaux
    Pour descendre au loin dans la plaine ?
    En ces lieux goûtez le repos,
    Demeurez, et de nos rameaux
Les miens et moi protégerons vos flots.

— Quoi ! si près de ma source,
Dans un repos honteux j'arrêterais ma course?
Ah ! plutôt laissez-moi poursuivre mon chemin,
Dieu m'a fait, je le sens, pour un autre destin.
   Au bas de la colline
   Je veux faire mouvoir,
    La vaste usine
  Que vous pouvez apercevoir ;
  Je veux convertir en farine
    Tout le grain
  Que l'on apporte à ce moulin,
  Puis dans la rivière voisine
   Je veux conduire l'eau
  Et gazouillante et cristalline
   De maint petit ruisseau.
  Voyez-vous ces vastes prairies ?
  Là souffrent des milliers de fleurs
  Qu'un soleil brûlant a flétries ;
Je veux leur redonner leurs brillantes couleurs;
   Je veux achever ma carrière
   En semant partout les bienfaits,
   Afin de pouvoir sans regrets
   Verser mes flots à la rivière
   Qui doit m'engloutir pour jamais.

Nos jours s'écoulent aussi vite
　　Que l'onde au penchant des coteaux ;
Loin de les perdre en un lâche repos,
　　Faisons des œuvres de mérite :

Enfants, l'oisiveté n'engendre que des maux.

FABLE XXVIII.

LA SOURIS ET LE CHAT.

Une souris peu sage,
Chez son père trouvait
Des noix et du fromage
Et du lard à souhait.
Lorsqu'un chat hypocrite
Dit à notre souris :
— Viens avec moi, petite,
Habiter mon logis ;
Ce que ton cœur désire
Aussitôt tu l'auras,
Tous les jours tu pourras

Trotter, danser et rire
Tant que tu le voudras. —
Par ce discours séduite,
Notre imprudente alla
Chez la bête hypocrite,
Qui bientôt l'étrangla.

Enfants, ne quittez point le sein de vos familles,
Le foyer domestique est le plus sûr abri.
Hélas ! combien de jeunes filles
Loin du toit paternel de regret ont péri.

FABLE XXIX.

LA PIE ET LA COLOMBE.

La pie et la colombe un jour
Revenaient de faire la cour
Au paon, seigneur du voisinage.
A sa compagne de voyage,
Chemin faisant, Margot disait :
O Dieu ! que ce paon me déplaît !
Quelle voix aigre et discordante!
Quels vilains pieds ! que ne les cache-t-il ?
— Votre regard est trop subtil,
Lui répondit la colombe innocente ;

Vous m'étonnez par ces propos :
Moi, je n'ai point du paon remarqué les défauts.
Mais j'ai de tous mes yeux admiré son corsage.
   Son incomparable plumage.
   Son port noble et majestueux.
   Et ces couleurs éblouissantes
   Qui, comme autant de fleurs brillantes,
Eclatent sur sa queue et charment tous les yeux.

   L'homme méchant par caractère,
Recherche nos défauts, afin de les blâmer ;
   L'homme bon, au contraire,
Recherche nos vertus afin de les louer.

FABLE XXX.

COMMIRE ET RIGOBERT SON ÉLÈVE.

Un enfant pétri de salpêtre,
Grand ami de la balle, un mauvais garnement,
Faisait chaque jour de son maître
Et le supplice et le tourment;
Il avait surnommé Commire
D'un nom qu'il avait pris dans l'almanach pour rire;
Il n'allait pas, comme on le pense bien,
Jusqu'à le lui jeter en face,
Mais s'il pouvait sortir de classe,
Que faisait le petit vaurien?
Il le gravait sur une porte

Ou sur un mur, au premier coin, n'importe,
Cherchant d'abord de toutes parts
Si personne sur lui n'attachait ses regards.
A bien choisir son temps le drôle était habile;
Ayant un œil aux champs et l'autre œil à la ville,
Il voyait de loin le danger ;
Le prendre sur le fait n'était donc pas facile,
Puis il avait le pied léger.
Ne pouvant saisir le coupable,
Commire se donnait au diable,
Et chaque jour à ses enfants
Il adressait en pleine classe
Les reproches les plus sanglants
Auxquels parfois il joignait la menace :
— Bien rira, disait-il, qui rira le dernier ;
Lièvre longtemps chassé vient enfin au carnier :
Je surprendrai le coquin qui m'outrage,
Et, vive Dieu ! je veux le guérir de sa rage.
Cent fois pour toi,
Une pour moi.
Il disait vrai notre maître d'école,
Car le jour même que Nicole [1]
Venait savoir pour quelle raison

---

[1] Voir le Chipeur, p. 223.

On renvoyait son fils à la maison,
Pour causer avec lui, Commire
Fut obligé de sortir un moment.
Soudain de grands éclats de rire
Font retentir la salle ; il rentre brusquement
Et voit, jugez de son étonnement,
Moi je renonce à le décrire,
Il voit le petit Rigobert
Décorant le tableau d'une caricature,
Et traçant le faux nom au bas de la figure,
Cause d'un si bruyant concert.
Chacun se tut; Rigobert de son maître
Redoutant le courroux,
Pour échapper à ses coups,
Veut s'esquiver par la fenêtre,
Mais son pied glisse, et notre évaporé
S'en va frapper sur l'angle d'une pierre ;
Son visage y fut déchiré
D'une si terrible manière,
Que l'enfant pour la vie en fut défiguré.
Depuis son infortune,
On surnomma Rigobert Beau-Garçon.
Il avait beau se fâcher tout de bon
Pour empêcher qu'on lui donnât ce nom,
C'était avec les dents vouloir prendre la lune.

Plus d'un enseignement se trouve ici caché :
  Que le plus fin se laisse prendre,
  Que l'on ne perd rien pour attendre.
Qu'on est toujours puni par où l'on a péché.

TABLE

TABLE

Lettre de M. Maignien à M. Guieu...................... v

LIVRE PREMIER.

La Souris et l'Angora.............................	3
Le Chat..	4
La Pie et la Colombe.............................	5
L'Etoffe de la vie...............................	6
La Pie et le Pinson..............................	7
L'Abeille..	8
L'Enfant et sa Mère..............................	9
L'Ane curieux....................................	10
Le Rossignol et l'Ane............................	11
L'Amphore..	12
Le Chien boiteux et le Chat......................	13
Le Poulet terrible...............................	14
La jeune Fille et le Lis.........................	15
L'Abeille et le Limaçon..........................	16

L'Abeille et le Hanneton..................................	17
Le Chien coupable..	18
L'Epagneul..	19
Le Torrent et le Ruisseau.................................	20
Le Loup et le Lion..	21
Le Corbeau..	22
La Paresse et la Pauvreté.................................	24
Blanchette..	26
Le petit Agneau...	28
L'Hirondelle..	30
Le Raisin...	32
Le Papillon et l'Abeille..................................	34
Le Sapajou et la Noix.....................................	36
La petite Mutine..	38
La Fourmi...	40
Les deux Brins d'herbe....................................	41

LIVRE DEUXIÈME.

Le Singe et le Renard.....................................	45
Jupiter, Apollon, Momus...................................	46
Le Bedeau...	47
Le Sage et l'Homme..	48
Le Paon...	49
L'Alouette..	51
Le Trompette prisonnier...................................	53
Trottinette...	55
Les Souris..	57
La Chèvre et le Loup......................................	59
Les trois Chevaux...	61
Le Chien savant et le vieux Chien.........................	62
Do et le Chien malade.....................................	65

Le Loup et le Lion... 67
Le Loup parjure... 69
La Bergère et la Naïade.. 71
La Chienne Léda... 73
Le petit Cerisier.. 75
Le jeune porc et l'Abeille..................................... 77
Les Arbres sous la protection des dieux........................ 79
Le Chat et le Chien.. 81
L'Écolier et le Serin.. 83
Les Mouches à miel... 85
La jeune Fille et la Rose...................................... 86
L'Officier de Charlemagne...................................... 88
L'Écolier qui jette des pierres................................ 90
Deux Chiens.. 92
La Vigne... 94
L'Enfant et la Nichée.. 96
Le Taquin.. 98

LIVRE TROISIÈME.

La jeune Fille et la Rose...................................... 103
Les deux Sapins.. 104
L'Enfant et son Père... 105
Les deux Chiens.. 106
La Rose et le Chou... 108
L'Opulence et l'Honneur.. 110
La petite Marie.. 112
L'Étoile du Berger... 114
Le Moineau et ses petits....................................... 116
Le Chat, la jeune Souris et sa Mère............................ 118
Le Pêcher.. 120
L'Hirondelle et le Pinson...................................... 122

Le Chien d'Alcibiade............................	124
L'Enfant et les Bonbons........................	126
Les deux jeunes Coqs...........................	128
L'Ane et le Maquignon.........................	130
La Brebis prudente..............................	132
Le vieux Chat et le jeune......................	134
L'Homme et les Animaux.......................	136
Le Père et ses deux Enfants...................	139
L'Enfant et la Guêpe............................	141
La Ronce et la Fougère.........................	143
Le Corbeau.......................................	145
Les deux Abeilles................................	147
Le Figuier et les Oiseaux.......................	149
Le Mûrier et le Buis.............................	151
Le Bouc et le Renard...........................	153
Le Chien qui se vante..........................	155
Les deux Épis....................................	157
Le Renard et le Loup...........................	159

LIVRE QUATRIÈME.

L'Hirondelle et le Bâtisseur....................	163
Isabelle et sa Mère..............................	165
Esaü...	167
Azor..	169
Le Passereau et le Pinson......................	171
Le Rubis..	173
La Grive..	175
L'Abeille et le Frelon...........................	177
L'Enfant et les deux Tonneaux................	179
L'Enfant et le Laboureur.......................	181
L'Ecolier et sa Mémoire........................	183

Le Hêtre et le Loir................................	185
L'Anesse et la Jument.............................	187
L'Autruche..	189
Le Chêne et l'Arbrisseau..........................	191
L'Ivrogne et le Vin...............................	193
Les Choux...	195
Finette...	198
La Chèvre et la Brebis............................	200
L'Ours, le Singe et le Chameau....................	202
L'Hirondelle et la Tourterelle....................	204
La Pie..	206
Le Loup et le jeune Mouton........................	209
L'Ourse et son fils...............................	212
Les deux Renards..................................	215
Le Peuplier et le Cerisier........................	218
L'Orpheline et son Serin..........................	219
Le Sanglier et la Biche...........................	221
Le Chipeur..	223
La Cloche...	225

LIVRE CINQUIÈME.

Les quatre Taureaux...............................	229
La Montre et le Cadran solaire....................	231
L'Enfant et son Père..............................	233
Le Faon poltron...................................	235
L'Amandier et le Poirier..........................	237
L'Ours..	239
Les deux Éducations...............................	241
Le Renard et le Lapin.............................	243
Le Frelon et l'Abeille............................	245
Les Amis du jour..................................	248

L'Orage...	251
Le Bachelier chinois et son Ecolier.................	253
Adèle et sa Mère....................................	255
Le Chien et son Maître..............................	257
La Fourmi et la Cigale..............................	259
Le Peuplier et le Tournesol.........................	261
Le Lis..	264
Le Nuage et la Fleur................................	266
L'Ane maraudeur.....................................	269
Les deux Souris.....................................	272
Le Chien du Cuirassier..............................	275
La Rose et la jeune Fille...........................	278
Les deux Lapins et le Renard........................	281
Le Chat calomniateur................................	282
Le Mouchard, le nouvel Ecolier et son frère.........	286
Le Bœuf et le Chien.................................	289
Le Ruisseau et l'Arbrisseau.........................	290
La Souris et le Chat................................	293
La Pie et la Colombe................................	295
Commire et Rigobert son élève.......................	297
Table...	303

SUPPLÉMENT

SUPPLÉMENT.

FABLE PREMIÈRE.

LE GROS RICHARD ET LE VER.

— Que fais-tu là dans mon parterre?
Rentre au plus tôt dans ton obscurité! —
C'est en ces mots qu'un jour parlait au ver de terre
Un gros richard plein de fatuité.
— Penses-tu donc me faire injure?
Homme superbe et dédaigneux !
Déjà mon père a rongé tes aïeux,
Et toi, demain, tu seras ma pâture.

FABLE II.

LE PAPILLON.

En voltigeant trop près d'une chandelle,
Un papillon manqua de se brûler une aile.
— Ne suis-je pas un vrai nigaud?
Je l'ai, dit-il, échappé belle;
Qu'on m'y reprenne, il fera chaud. —
Une heure après, oubliant sa promesse,
Le malheureux sur un flambeau
Se précipite avec ivresse
Et dans la flamme il trouve son tombeau.

Vous êtes le flambeau, trop séduisantes belles,
Où, pauvre papillon, j'ai brûlé mes deux ailes.

FABLE III.

LES BELETTES.

— Auprès de moi, mon cher enfant, **demeure**,
   Disait la colombe à son fils.
   Le jour, la nuit, dans le pays
On voit rôder belettes à toute heure.
   Si quelqu'une te rencontrait
Assurément elle te mangerait. —
   Malgré cette défense,
De sa mère un beau jour trompant la vigilance,
   Le pigeonneau sortit
      Et périt.

   Dans les cités on voit rôder sans cesse
      Des belettes d'une autre espèce,

Belettes portant falbala,
Belettes portant crinoline,
Dont la tournure plaît, dont le regard fascine,
Faisant rubis sur l'ongle en un jour de gala.
Tous les soirs au clair de la lune .
Elles s'en vont chassant aux pigeonnaux.
Si jamais à vos yeux il en paraît quelqu'une,
Fuyez, jeunes serins! gare à vous, étourneaux!

FABLE IV.

—

VERVERT.

Jadis vivait chez les Visitandines
    Un perroquet nommé Ververt ;
Il avait au couvent le vivre et le couvert,
    Et, pleine d'attentions fines,
Plus d'une sœur pour lui se privait de dessert.
L'oiseau savait par cœur et vêpres et matines,
Il n'entendait parler que de choses divines,
    Aussi jamais le moindre mot
    Qu'eût désavoué la décence
N'était sorti du bec du perroquet dévôt,
    Et dans son cœur habitait l'innocence.

Heureux s'il fût toujours resté dans la maison !
Mais sur la Loire, un jour qu'il se rendait à Nantes,
Il eut pour compagnon
Un dragon
Qui de paroles malsonnantes
Le régala d'une étrange façon.
Ververt retint si bien son ignoble langage,
Qu'un portefaix de bas étage
N'aurait su comme lui proférer un juron,
Si bien que d'oiseau sage
Qu'il était,
Il devint tout à coup un fort mauvais sujet.

N'oubliez point Ververt, ô jeunesse imprudente.
Que son malheur vous serve de leçon.
Sachez que de ceux qu'on fréquente
On prend bientôt et les mœurs et le ton.

FABLE V.

LE SAVOIR-FAIRE ET LE SAVOIR.

— Avec ta vieille probité
Et ta franchise héréditaire,
Jeune homme, dans notre cité,
Dis, que veux-tu ? que viens-tu faire ?
— En travaillant gagner mon pain
Et, s'il se peut, obtenir une aisance
Que dès longtemps je cherche en vain.
— C'est te bercer d'une folle espérance,
Mon pauvre ami ; renonce à ton dessein.
Ici le savoir, la franchise,

La probité,
La loyauté,
Ne sont pas choses que l'on prise.
Il faut pour réussir savoir courber le dos,
Pieusement dénigrer un confrère,
Vanter son baume à tout propos,
Avoir force impudence et langue de vipère.

FABLE VI.

LA JEUNESSE DU JOUR.

Depuis cinq ans sorti de son lycée
Victor avait conquis le titre d'avocat,
Et depuis lors trottait dans sa pensée
La nièce d'un vieux magistrat,
Jeune, avenante, à la taille élancée :
Il l'obtint pour sa fiancée.
Déja même on taillait la plume du contrat ;
Mais tout à coup il plut dans son écuelle.
Un soir, le facteur du pays
Dans une lettre apporte la nouvelle
Qu'un oncle, vieux richard résidant à Paris,
Chez qui l'on ramassait les écus à la pelle,

La veille, au sortir d'un banquet,
Pour l'autre monde avait fait son paquet ;
Qu'il lui laissait un immense héritage,
Quelque chose de fabuleux,
Trois millions grossi de deux,
Et peut-être encor davantage.
Sans tambour ni trompette, au milieu de la nuit,
Oublieux d'une amante
Vertueuse et charmante,
Comme un voleur il lève l'ancre, il fuit,
Il débarque à Paris, encaisse l'héritage,
Loue un hôtel, achète un équipage,
Dans le grand monde il se produit ;
Il se donne des airs, il fleurit son langage,
Met chaque jour habit nouveau ;
Puis se mire dans son plumage,
Lève la tête, fait le beau,
Et veut trancher du personnage.
Il veut avoir sa loge à l'Opéra,
D'une actrice il fait sa maîtresse,
Court les cafés, les bals *et cœtera*,
Et de tous les plaisirs il épuise l'ivresse.
Notons ceci : la belle enchanteresse,
La nymphe dont il s'affola,
Avait tous les goûts de *ola.

Jugez si les écus dansèrent !
L'un après l'autre ils y passèrent.
Bientôt les amis s'éclipsèrent,
La nymphe à son tour s'envola.
On la revit sur le théâtre
Battre à nouveau des entrechats,
N'ayant plus souvenir de ce bel idolâtre
Pour qui naguère, la folâtre !
Elle prodiguait ses appas.
De son amante délaissée
L'image alors revient à sa pensée ;
Il songe à ces moments qui lui semblaient si courts,
Lorsque, assis auprès d'elle,
Il jurait de l'aimer toujours,
Et ce souvenir le bourrèle.
Entre ses mains tout a fondu.
Que faire ? Il voit qu'il est perdu,
Il se fait sauter la cervelle.

Qu'inférer de ceci ? Que tout coupable amour
Dégrade l'homme et l'entraîne à sa chute ;
Que tôt ou tard, un jour,
Ce qui vient de la flûte
S'en retourne au tambour.
Qu'on moissonne la tempête

Quand on a semé le vent ;
Autre point, que bien souvent
La queue emporte la tête.
O toi qui liras ce récit,
Qui que tu sois, lecteur aimable,
Tâche d'en faire ton profit
Et que pour toi ces vers soient toujours une fable.

Grenoble, impr. de Prudhomme.

www.ingramcontent.com/pod-product-compliance
Lightning Source LLC
Chambersburg PA
CBHW070610160426
43194CB00009B/1240